教育部国别和区域研究备案中心
北京语言大学非洲研究中心

非洲法语国家社会热点问题研究

李 岩 ◎ 编 著

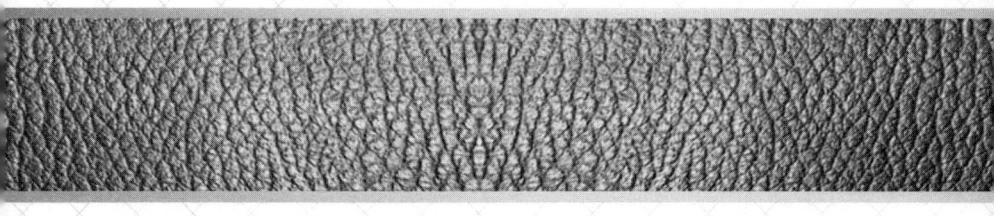

时事出版社
北京

目录

非洲法语国家社会热点问题研究

contents

前言	001
刚果民主共和国概况与社会热点	005
科特迪瓦共和国概况与社会热点	020
喀麦隆共和国概况与社会热点	047
布基纳法索概况与社会热点	064
贝宁共和国概况与社会热点	073
刚果共和国概况与社会热点	086
布隆迪共和国概况与社会热点	097
中非共和国概况与社会热点	112
佛得角共和国概况与社会热点	122

前言
Preface

"非洲法语国家社会热点问题研究"课题是在中国经济日益发展的大环境下、习近平主席"一带一路"倡议的鼓舞下,以及教育部对外语专业在新时期要服务于国家、服务于社会的精神指导下构思酝酿的。本课题是北京语言大学非洲研究中心建立以来首次开展的集体研究课题。北京语言大学非洲研究中心是教育部2017年国别和区域研究备案中心,中心主要研究对象为以下九个非洲法语国家:贝宁、布基纳法索、布隆迪、佛得角、喀麦隆、科特迪瓦、刚果(布)、刚果(金)和中非共和国。

随着中非关系的不断发展和深入,越来越多的中资企业赴非洲开展各类投资并与非洲法语国家产生直接接触,与非洲法语国家尤其是北京语言大学非洲研究中心专门研究的非洲九国的往来和交流也在不断加深。但是,中国目前对上述非洲法语国家国情的了解并不全面，由于非洲法语国家的网络资源信息不够发达，加之双方语言差异较大，中国企业很难获得非洲法语国家在政治、经济、人文以及社会等各方面的具体资讯，给中资入驻非洲造成极大的信息障碍。为了方便中国与非洲法语国家的合作与交流，北语非洲研究中心依托学校法语系各位专业教师的语言优势，通过学术会议、网站建设以及对象国公民问卷访谈等形式开展非洲法语国家的社会热点问题研究。我中心目前拟对上述非洲九国近年来发生的社会热点问题进行追踪、调查和分析，成果将以图书的形式呈现九国在社会发展方面的最新资讯信息，形成汇编式报告，为中国"一带一路"建设提供基础性资料支持。

本书所列国别顺序以 2016 年世界银行统计的各国经济总量的结果为主要参考指标，并按从多到少的顺序排列，依次为：刚果（金）、科特迪瓦、喀麦隆、布基纳法索、贝宁、刚果（布）、布隆迪、中非共和国、佛得角。各国 GDP 总量、世界排名以及人均 GDP 的详细信息参见下表：

国别	2016 年 GDP 总量（亿美元）	2016 年 GDP 世界排名	2016 年人均 GDP（美元）
1. 刚果（金）	416.15	89	495
2. 科特迪瓦	354.89	94	1459

前 言

续表

国别	2016年GDP总量（亿美元）	2016年GDP世界排名	2016年人均GDP（美元）
3. 喀麦隆	293.34	98	1238
4. 布基纳法索	118.95	126	646
5. 贝宁	85.77	138	771
6. 刚果（布）	79.55	141	1784
7. 布隆迪	31.33	160	325
8. 中非共和国	17.80	167	364
9. 佛得角	16.36	169	3078

资料来源：http://www.imf.org/zh/publications/weo。

本书呈现的数据和资料主要参考世界银行、《青年非洲》等非洲最有影响力的法文媒体。本书每个国别的介绍分为两个部分：第一部分为各国经济与人文概况；第二部分为各国社会热点问题研究，新闻时间跨度为2016年1月—2018年3月。各国内容的编写分工如下：李岩：科特迪瓦、喀麦隆、刚果（布）；胡霄钦：刚果（金）、布隆迪；刘娟娟：贝宁、布基纳法索；王秀丽：中非共和国、佛得角。

本书在后期编辑过程中受到北语法语专业学生陈爽、李仪、张文静等同学的技术支持，在此对她们的无私奉献精神表示由衷的感谢。由于时间仓促，网络资料分布零散且需要大量的翻译工作，本书内容呈现难免挂一漏万。若能为中国国别和区域研究，尤其是非洲法语国家方面的研究提供一些基础性资料参考，实为本中心的一大荣幸。希望广大读者和专家提出宝贵意见和建议，以便后续研究工作能更好地开展。

刚果民主共和国概况与社会热点

République Démocratique du Congo
Democratic Republic of the Congo

第一部分
刚果（金）社会概况

一、地理概况

刚果民主共和国，简称刚果（金），也曾称扎伊尔，是非洲中部的一个国家，也是非洲人口第四大国，其人口数量为7874万（2016年12月），仅次于尼日利亚、埃塞俄比亚和埃及。刚果（金）是继阿尔及利亚之后的非洲第二大国，也是人口最多的法语国家。它从大西洋沿岸延伸至西部高原，贯穿大部分刚果盆地。刚果（金）北部是世界上最大的热带雨林地区之一，东临西非断陷谷，多山区、丘陵、非洲大湖和火山。刚果（金）南部和中部均为广袤的热带草原，形成了一个拥有丰富矿藏的高原地带。在最西边，刚果河河口北部40多千米处蜿蜒着大西洋海岸。在西边，刚果（金）与安哥拉的卡宾达市和刚果（布）接壤。在北边，刚果（金）与中非共和国和南苏丹毗邻，东接乌干达、卢旺达、布隆迪和坦桑尼亚，西临赞比亚和安哥拉。[1] 刚果（金）最大的城市包括：金沙萨、卢本巴西、姆布吉马伊、卡南加、基桑加尼、布卡武。

二、部族和语言

刚果（金）由254个部族组成，法语是刚果（金）的官方语言。此外，刚果（金）还使用四种班图语：林格拉语、刚果语、斯瓦希里语和契卢巴语，这四种语言都是刚果（金）的通用语。其中讲班图语系的约占总人口的84%，主要为刚果族、恩加拉族、卢巴族、蒙戈—恩库恩杜族、隆达族等，其余为讲苏丹语的阿赞德族与尼洛特语系的阿卢尔族和俾格米人等。[2]

三、经济状况

刚果（金）的经济主要依赖第一产业（农业和矿产开发）。农业一直以来都是刚果（金）最主要的产业。根据1997年的数据调查显示，刚果（金）的农业生产占其国内生产总值的57.9%，从事农业的人口占就业总人口的66%。2003年，刚果（金）的工业产量只占其国内生产总值的5.6%。[3]世界经济危机重创了这一正在发展的中非国家，尤其是加丹加省，其作为一个主要依赖铜矿和钴矿开发发展的省份，在世界经济危机时受到严重影响。2015年，刚果（金）失业人口比率高达65%。根据2017年联合国人类发展指数显示，刚果（金）在世界188个国家中排名第176位。

四、刚果（金）境内难民

刚果（金）人口大多集中在靠近湖泊和河流的草原高地，其北部、中部和丛林地区大多荒无人烟。刚果（金）人口密度与非洲人口平均密度相当，农村外流人口使刚果（金）的城市规模急剧膨胀。

近几十年来，刚果（金）一直经历着动荡和内乱。但是近几年，刚果（金）境内许多地区的安全形势得到一定改善。然而，在刚果（金）东部，安全形势仍极为严峻，暴力事件频发。刚果（金）东部是整个刚果（金）境内遭受暴力最为严重的地区。当地敌对武装和刚果（金）政府军队之间冲突不断，当地居民生命与财产安全遭受严重侵扰。一些人权保卫机构强调了立即处决的案件：强奸、身体毁伤、酷刑、对妇女和儿童的暴力，以及强迫雇佣成人和儿童等。[4]

刚果（金）是世界上接纳流亡人口最多的国家，其境内流亡的人口约为370万。他们大多是为了逃离国家战乱和暴力，来自不同国家的不同地区。根据挪威议会的一项最新报告显示，刚果（金）境内的难民大多生活在刚果（金）边境农村地区。而刚果（金）作为非洲大国，其地形复杂，呈现拱形，同时和九个国家接壤，因而很难对难民的流入进行控制并集中管理。对于大部分难民来说，他们很难融入到东道主国家的日常生活、经济和政治活动中去。[9]

1962—1975 年，长期对抗葡萄牙的独立战争使得众多安哥拉人民逃往他国。1999—2002 年，安哥拉爆发内战，又使得成千上万的安哥拉人民离开自己的国家。在刚果（金）的安哥拉难民大约有 4.8 万人，其中 2.9 万人将被遣返回国。2003 年，刚果（金）开始实施自愿回国的行动。在这之前就已有 7.6 万难民回到了自己的国家。[5] 2003 年到 2007 年出现了第一波遣返回国的浪潮，之后又在 2011 年到 2012 年出现了第二波回国浪潮。

自 2015 年布隆迪政治危机以来，大量布隆迪难民涌入刚果（金）境内，尤其是来自刚果的图西族布隆迪难民和斯瓦希里族布隆迪难民。他们首先进入刚果（金）南基伍省，而后受到刚果民主共和国政府的收容。从 2017 年开始，就不断有来自卢旺达的布隆迪难民进入刚果（金）东部的难民营中，其中有很多是逃离布隆迪军事武装的军官。根据联合国和国际非政府组织的统计数据显示，2015 年充满暴力的布隆迪政治危机已经导致 500—2000 人死亡，成百上千的失踪案和酷刑案件，超过 40 万布隆迪人民流离失所，逃往他国。其中，3.6 万多人避难在刚果（金），并被安置在刚果（金）东部早已饱和的卢森达难民营和许多难民中转营。

2017 年 9 月 7 日，近 2.5 万名从中非暴力事件中逃出的难民被收容在刚果（金）北部一个偏僻的地区。[10] 这些难民逃自 9 月初在泽米奥不明武装组织之间发生的冲突。泽米奥距离中非共和国首都班吉东南部约733公里，与刚果（金）边界线接壤。从这次暴力事件中逃出的难民聚集在一个没有交通和网络的荒芜区。

据联合国统计，一半的中非人口需要靠国际人道主义救援而生存。2016年4月起，中非共和国境内的武装组织冲突加剧，目的在于控制自然资源和有影响地区。在刚果（金）和苏丹接壤的最东南边，由于4月美国特种部队和乌干达武装撤离，这一暴力冲突再度被激起。

2016年，92.2万多名来自布隆迪、中非共和国和南苏丹的难民因自然灾害和内战离开他们的家乡而涌入刚果（金）。除此之外，联合国指出，同年还有100多万名因刚果（金）境内开赛地区的暴力冲突而逃离该地区的本国难民。对于刚果（金）来说，大部分逃难而来的难民聚集在国内东部地区，而其中潜藏的危机似乎早已被世界遗忘。十几支武装组织为争夺自然资源控制权，在刚果（金）开赛地区发生冲突。每次发生暴力冲突时，当地民众都不得不流亡他国。据统计，至少有55万多刚果（金）民众一直在国外避难。自2016年起，难民收容所的紧张形势突然蔓延至刚果（金）中部地区的开赛地区，引起多起镇压当地暴动武装的暴力斗争，新的一批难民和逃亡者流亡到邻国安哥拉境内。这些武装冲突恶化了刚果（金）境内已经非常贫穷的生存局势。刚果（金）国内人口的平均寿命只有58岁。

五、刚果（金）难民政策

2013年6月30日，在世界范围内终止卢旺达侨民难民身份的条例正式确立。该条例只涉及1959—1998年逃离卢旺达的难民。条例要求救济国可以积极配合并要求难民自愿选择遣返回国、融入当地生活或是申请新的难民身份。在实施了三方协议及其相关规定后，刚果（金）执行了该条例，为保证卢旺达难民能够受尊重地、安全地返回他们的国家。

借鉴了2012年6月30日颁布的终止安哥拉难民身份条例的实施，刚果（金）首先要求制定总策略来提出国内12.7537万名难民遣返的可持续解决方案。面对2013年的卢旺达难民遣返条例，刚果（金）为增强散居在各国卢旺达难民的信心，呼吁并要求联合国难民署和各救济国重视卢旺达难民的保护问题。为保证这一大湖国更加有效地实施遣返政策，卢旺达当局请求提出1951年日内瓦协议中所预期的终止卢旺达难民身份的条例。自1994年7月卢旺达大屠杀之后，卢旺达爱国阵线当权到2013年2月，联合国难民署已遣返了350万名卢旺达难民。[6] 2009年10月，卢旺达总统保罗·卡加梅和联合国难民署达成协议于2011年6月30日终止难民身份。但是，面对难民和非政府组织的流动，卢旺达和联合国难民署决定与各方合作，计划到2013年6月30日结束。为暂时缓和局势，卢旺达计划在2013年6月30日之后为打算继续留在救济国的卢旺达难民发放护照。2008年联合国难民署鼓励各方努力解决塞拉利昂难民问题。2012年联合国难民署提出联合各国解决安哥拉和利比亚难民问题。[7]

2014年7月,刚果民主共和国、安哥拉和联合国难民署三方部长委员会在安哥拉罗安达举行。该会议建议在核实刚果(金)境内原先的47851名安哥拉难民身份后采取自愿遣返回国的政策。2014年8月20日,刚果(金)正式启动在其境内的安哥拉难民遣返工作。该项工作一直进行到2016年截止。在47851名居住在刚果(金)境内的原安哥拉难民中,29659名选择自愿返回安哥拉,18192名选择留下来融入当地生活。三方还发现1521名安哥拉难民的配偶,其中44名在金沙萨,447名在下刚果,1030名在加丹加。[8]他们需要刚果(金)护照来获得入境安哥拉的资格和在安哥拉短居的签证来维护家庭的完整与健全。

2017年,在巴拉卡附近、南基伍省、栋古省和东北部的上韦来省内增加了许多新的难民收容所。布隆迪难民被转往南基伍省的穆隆韦,那里初步可以接收5000名难民。自2015年布隆迪境内政治内乱后,大量布隆迪难民涌向刚果(金)。由于卢森达难民营已经饱和,为转移布隆迪难民而在南基伍专门建设了新的收容所。在穆隆韦村庄,难民和其他村民共享当地的教育和医疗资源。刚果(金)当地政府还给难民分拨土地,使得他们可以进行农耕生产。联合国难民署也参与援助,以确保他们生产的自主性。

刚果（金）东北部的卡卡难民收容所可以接待4.3万人，主要居住着南苏丹难民。出于安全考虑，居住在过于靠近南苏丹边境线的南苏丹难民将会被转移至卡卡难民营。

除了居住在刚果民主共和国的526543名难民外，还有410万名移居他国的刚果（金）难民返回国内。这一遣返工程由联合国难民署资助了约2.362亿美元。

六、刚果（金）境内难民生活条件及其融合问题

2009年，当大批平民逃离卢旺达移居北基伍时，阿曼尼方案中的前员工的愤怒情绪正在加剧，原因是没有支付薪水并且北基伍的政府官员大多是重建与民主人民党、刚果民主联盟，以及刚果（金）北基伍地区当地的卢旺多弗纳族运动的成员。在莫布托体制衰落和解放刚果扎伊尔民主力量联盟逐步获得政治权力的过程中，刚果（金）北基伍和南基伍当地的图西族军人都看到了他们避难于卢旺达的祖辈重返基伍的希望。如今，他们已经融入到刚果（金）的国家组织中，但是他们的祖辈仍然在卢旺达的刚果难民营中。这些贫穷的人自发地返回，主要是因为他们生活在卢旺达，没有固定的收入，也没有一小块可耕种的土地，这对于他们来说是无法忍受的。所有这些都使得流亡卢旺达的刚果图西人通过布巴边境的驿站逐步重返北基伍。

自 2013 年起，成千上万的中非共和国难民为逃离战乱而涌入刚果（金），定居在其北部地区。这些难民长期营养不良，他们的处境使国际医疗人道救援组织拉响了警报。大多难民是依靠当地居民的施舍生存度日，而这些居民本身就很穷困。无论是对于难民还是当地居民来说，食物和饮用水都非常短缺。这些不稳定的生活条件导致了营养不良和疫情爆发。一些难民能够通过为当地居民工作来获取一些食物，抵付勉强可以维持生计的工资。据国际医疗人道救援组织了解，有时难民为当地居民整整工作一天，只能换到一些木薯叶来供家人食用。他们吃了所有能吃的东西，但主要是木薯叶。而有时他们连续一两天都没有食物可吃。

国际人道主义组织在救助难民问题上面临着很多困难。除了交通不便和安全问题以外，人道主义组织还需借助他们所掌握的有限的所要救助人员的相关信息来解决争端、达成和解。2012 年，联合国项目服务事务厅帮助联合国难民署提供关于刚果（金）境内难民的相关统计数据和可靠分析。

2017 年，联合国难民署执行了一项有利于在刚果（金）境内东部基济地区卢森达难民营中安置布隆迪难民的计划。该计划由世界银行和非洲发展银行资助，旨在给予难民土地用以耕种、养殖以及开展其他可以让他们自主谋生的小规模活动。这也是一项可以促进难民融合并与当地社会和平共居的新方法。当地居民约有 1.6 万人，而难民则有超过 3 万人之多。难民的这一数量优势已经引起难民与当地社会的很多隔阂和矛盾。当地社会认为他们的土地被外来的布隆迪难民所侵占。到当地调查了解情况后，联合国难民组织的另一项任务就是促使世界银行和非洲发展银行与南基伍政府官员协谈。卢森达难民营已完全饱和，不能再容纳更多的难民，需要在一个月之内在基济区穆隆韦建立新的难民收容所。该难民营占地约600万平方米，预计可容纳5万名难民，目前正在建设中。

第二部分
刚果（金）2016—2018年社会热点

一、刚果（金）政府与其境内难民的冲突

刚果（金）东部常年遭受刚果（金）政府武装和非政府武装冲突侵扰，安全形势不容乐观。这一局势迫使当地民众不得不逃离暴力和掠夺，并在其他更稳定的地区寻找新的避难所，或是难民营，或是收容家庭。

自2016年起，南基伍省收容了1.4万多名布隆迪难民，其中一个较大的布隆迪难民营就设立在刚果（金）东部基济地

区的卢森达。[11] 这些难民抵达刚果（金）这片土地后，每天就不断地抱怨他们的生活条件。当这些难民在该中心负责人面前抗议他们的生活条件、希望刚果（金）政府能够采取措施时，已经发生了好几起事变。

2017年9月15日，刚果（金）武装组织向空中射击，希望能驱散聚集在卡马尼奥拉的难民。36名难民在刚果（金）东部的两组军事武装冲突中被机枪打死。冲突由4名被逮捕难民引起。他们要求释放，而刚果（金）政府希望将他们遣返回自己的国家布隆迪。这一冲突导致36名难民死亡，124人受伤，其中有15名左右伤势严重。[12]

在刚果（金），布隆迪难民已经实施了好几起叛乱。布隆迪人民武装和布隆迪共和国武装组织准备借助一些非洲背叛军的力量经过卢旺达占领南基伍，同时攻打布隆迪。这些非洲背叛军源自卢旺达军队并由原先的西方殖民者雇佣。刚果（金）南基伍地区的居民与布隆迪西玛民族和班雅穆楞吉民族［刚果（金）籍卢旺达人和支持卡加梅独裁的卢旺达人］有着激烈的矛盾。1996年，布隆迪西玛独裁武装与卢旺达卡加梅独裁武装联合进行了种族屠杀，将刚果（金）南基伍所有村庄与当地的布隆迪和卢旺达难民营夷为平地，有200万受害者，包括刚果（金）南基伍民众与布隆迪和卢旺达难民。刚果（金）南基伍地区的民众强烈表示不再愿意接纳布隆迪难民。

自 2017 年 9 月 17 日开始，2500 多名来自布隆迪的申请避难者就一直聚集在位于卡马尼奥拉的联合国刚果特派团的巴基斯坦蓝盔营前。这些难民在这里的生活条件开始恶化。联合国刚果特派团继续向他们提供援助，并与其他合办方协商讨论，希望能尽快找到一个可持续的解决方案，以便让刚果（金）境内的这些难民安顿下来。

2017 年底，刚果（金）政府武装逮捕了若干南苏丹难民并加强了对边境线的管控，希望能阻止南苏丹难民的暴动。一周以来，由于南苏丹地区的动乱，已有成百上千的南苏丹民众逃往刚果（金）境内。刚果（金）当局在这些难民中抓捕了 18 名嫌犯。他们很有可能是南苏丹叛乱成员，连续 4 年与政府对抗，致使数万人丧生，国家被破坏。苏丹解放军的供给和伤员治疗都依赖刚果（金）阿巴市的支持。但自 2017 年春天南苏丹大使和刚果（金）国防部长视察阿巴市后，刚果（金）当局就开始限制该边境区域的人口流动。这一加强管控使得刚果（金）内的许多难民在收割季节难以返回苏丹收割，以获得除难民津贴以外的一些额外收入来维持生计。然而，对于刚果（金）来说，难民与叛乱紧密相关。一些在刚果（金）难民营中的妇女的丈夫和孩子们的父亲就属于叛乱军成员。刚果（金）当局要求他们向刚果（金）政府请求对他们的保护，但是支持叛乱的南苏丹年轻人并不信任刚果（金）政府。[13]

参考文献

[1] Sur https：//fr. wikipedia. org/wiki/R％C3％A9publique_d％C3％A9mocratique_du_Congo.

[2]《RÉPUBLIQUE DÉMOCRATIQUE DU CONGO》[Archive], sur https：//www. state. gov/documents/organization/132907. pdf, consulté le 10 septembre.

[3] Sur https：//www. globalwitness. org/zh-cn/campaigns/democratic-republic-congo/heure-de-creuser-plus-profondement/, consulté le 9 octobre.

[4]《République démocratique du Congo：développements actuels》[Archive], sur https：//www. osar. ch/assets/herkunftslaender/afrika/kongo-dr-kinshasa/rd-congo-developpements-actuels. pdf, consulté le 22 janvier.

[5] Sur https：//www. la-croix. com/Actualite/Monde/RD-Congo-29-000-refugies-angolais-vont-etre-rapatries-2014-08-19-1193971, consulté le 4 janvier.

[6] Sur http：//www. ipsinternational. org/fr/_note. asp？idnews = 7540, consulté le 14 janvier.

[7] Sur http：//www. ipsinternational. org/fr/_note. asp？idnews = 5581, consulté le 14 janvier.

[8] Sur http：//acpcongo. com/acp/rd-congo-refugies-

trois – demandeurs – dasile – admis – au – statut – de – refugie – en – rdc/, consulté le 4 janvier.

[9] Sur https：//congoactu. net/page/2/? s = r% C3% A9fugi% C3% A9, consulté le 17 janvier.

[10] sur http：//dkm – tv. com/2015/03/04/actu – rd – congo – des – refugies – centrafricains – meurent – de – faim – en – rdc/, consulté le 28 janvier.

[11] 《La question de la réintégration des déplacés et des réfugiés dans le "Programme de stabilisation et de reconstruction en zones post – conflit" au Kivu》, L'Afrique des grand lacs, Annuaire 2009 – 2010.

[12] Sur http：//burundi – agnews. org/globalisation – mondialisation/burundi – rd – congo – le – sud – kivu – ne – veut – plus – de – refugies – burundais/, consulté le 14 octobre.

[13] Sur http：//www. lasemaineafricaine. net/index. php/national/8837 – rd – congo – congo – brazzaville – refugie – au – congo – brazzaville – le – rebelle – udjani – tue – dans – des – incidents – qu – il – a – lui – meme – provoques, consulté le 20 décembre.

科特迪瓦共和国概况与社会热点

République de Côte d'Ivoire
Republic of Ivory Coast

第一部分
科特迪瓦社会概况

一、历史地理概况

科特迪瓦共和国（法语：La République de Côte d'Ivoire，英语：The Republic of Côte d'Ivoire）是一个古老而又年轻的国家。早在史前时期，科特迪瓦就有人类繁衍生息，在1893年沦为法国殖民地前，其还没有形成统一的民族国家，各民族仍在迁徙之中。经过一个多世纪的浴血奋战，其于1960年获得独立，成立了科特迪瓦共和国。科特迪瓦最初中文意译为"象牙海岸"，因历史上这里大象成群、象牙贸易发达而得名。

中华人民共和国与科特迪瓦共和国于1983年3月2日建交。自1985年12月31日起，应该国政府的要求，中华人民共和国开始使用其音译名"科特迪瓦"。2015年10月28日，第70届联合国大会改选联合国人权理事会成员，科特迪瓦成功获选，任期自2016年至2018年。2018年1月1日，科特迪瓦正式成为联合国安理会非常任理事国，任期至2019年12月

31日。

其国旗颜色为橙白绿三色：橙色象征国家北部热带地区，白色象征和平，绿色象征希望和南部地区的森林。

科特迪瓦地图形似四边形，国土面积为32.2463万平方公里。科特迪瓦西部主要是山地，地势超过1000米（其中宁巴山高达1752米）。国内水域面积为4462平方公里，占国土总面积的1.38%，由南部的大西洋海域、内陆的环礁湖和一些死海构成。还有很多流量巨大的河流流经全国，其中有四条河流非常著名：卡瓦利河长700公里；萨桑德拉河长650公里；邦达马河长1050公里；科莫埃河长1160公里。海岸线长约550公里。其周围接壤的国家包括：北部的马里和布基纳法索；西部的利比亚和几内亚；东部的加纳。南临几内亚湾。

科特迪瓦地处赤道附近，全年各地日照均衡，年平均温差和日平均温差都比较小，大多数地区年平均温度为26℃—28℃。2—4月气温最高，平均24℃—32℃；8月气温最低，平均22℃—28℃；月平均温差5℃左右。北纬7°以南为热带雨林气候，年平均气温25℃，相对湿度大；北纬7°以北为热带草原气候，年平均气温略高于南部。

科特迪瓦政府于2011年9月对地方行政区划进行改革，调整后的行政区划共分为14个行政管辖大区，31个大区，107个省。其首都是亚穆苏克罗，阿比让是科特迪瓦主要的经济中心。全国总人口为2657.8367万人。

二、语言

法语是科特迪瓦的官方语言，全国有70%的居民在使用法语。据国际法语联盟2009年的统计显示，全国最大的城市阿比让有99%的人会用法语进行听、说、读、写。

塞努弗语和迪乌拉语是该国北方人最常说的语言，而南方人则常说巴乌莱语和博特语。雅库巴语、阿格尼语和古罗语等在该国也很重要。其中古罗语主要由中西部地区的人使用。迪乌拉族虽然只占全国总人口的2.77%，但迪乌拉语是科特迪瓦市场和城镇中最常用的语言，也是非洲几个沿海国家的首要语言之一。科特迪瓦是法语国家组织的成员。

三、宗教

根据2014年的数据统计显示，科特迪瓦主要的宗教包括伊斯兰教（占总人口的42.9%），基督教（占33.9%，其中17.2%的人信仰天主教，11.8%的人信仰新教）。还有部分人信奉拜物教（占总人口的3.6%），这种信仰对其他信仰有相当大的影响力。除了这些主要的信仰派别之外，还有19.1%的人无宗教信仰。科特迪瓦对宗教信仰普遍持包容态度，因此各个宗教团体之间整体上和谐共处。伊斯兰教集中在北部地区，基督教在南部，拜物教则遍及全国各地。

因此，科特迪瓦拥有许多令人惊叹的宗教建筑（现代的和历经几个世纪的），这些文化景点均是国家文化遗产的一部分，如下：

1. 亚穆苏克罗——和平圣母大教堂

其法语为 La basilique notre dame de la paix，建于1990年，位于首都亚穆苏克罗，占地130万平方米，高158米，共1.8万个坐席，其中包括7000个座位。它与巴黎圣母院、罗马圣彼得大教堂并称为欧洲三大宗教建筑，同时也是一座被吉尼斯世界纪录收录的世界上最大的天主教堂。亚穆苏克罗和平圣母大教堂比梵蒂冈的圣彼得大教堂还要高80英尺，因此又被人们称做"丛林中的大教堂"。这是天主教徒的朝拜圣地。

2. 阿比让——圣·保罗大教堂

其法语为 La cathédrale Saint – Paul du Plateau，建于1985年，是由总统费利克斯·乌弗埃－博瓦尼（Felix Houphouet – Boigny）提议，意大利建筑师 ALDO SPIRITO 设计的一座天主教建筑。1980年5月11日，教皇让保罗利用他初次访问科特迪瓦的时机为该教堂铺上第一块砖。在教皇第二次访问科特迪瓦的1985年8月10日，已竣工的教堂受到教皇的祝福。

3. 阿比让——非洲玛利亚圣殿

其建于1987年2月，也被称做非洲圣母院，是一处重要的天主教朝圣之地，位于阿比让区内的 ATTECOUBE，也是意大利建筑师 ALDO SPIRITO 设计的。

4. 泻湖区（TOUKOUZOU）——先知教堂

其位于阿比让东南 152 公里的圣何撒莱姆，建于 1969 年。传说，先知"PAPA NOUVEAU"1901 年生于吐库祖，一生从未受过教育，只会说当地方言——阿维肯语。自 1937 年 1 月 12 日起，他开始从事争取人类和平与自由的斗争，由于受到神灵的启示，他创建了圣荷撒莱姆城，也叫荷撒莱姆，是当地基督教徒礼拜和求子的教堂，类似中国的观音堂。

5. 清真寺

恭市百年清真寺是科特迪瓦北部的一座大型伊斯兰教建筑，距离阿比让 500 公里左右。早在 1741 年，恭市里已有多家清真寺，其中密西利巴清真寺由萨摩里·图西建于 1897 年，20 世纪初又对其进行重建。恭市百年清真寺具有撒埃罗苏丹风格，是科特迪瓦北部伊斯兰教活动的古老象征，1978 年曾进行过修缮，至今仍是伊斯兰信徒朝拜与集会的场所。

四、部族

科特迪瓦是一个多部族国家，全国有大小部族 69 个，这些部族保持各自地区特色，以独特的外部形象、语言特点、生活习俗、劳动习惯和宗教信仰而互相区别。按照聚居区域、语言文化、生活习俗、宗教信仰和历史渊源，科特迪瓦的部族大致可分为四大族系：

1. 阿肯族系

共有 17 个部族,占全国总人口的 42%。包括阿布隆族、阿尼族、巴乌莱族和泻湖族等。主要分布在科特迪瓦东南部,保存着完整的母系社会制度。经济以农业为主,种植水稻、薯芋和香蕉等。

2. 克鲁族系

共有 16 个部族,占全国总人口的 15%,主要分布在科特迪瓦和利比里亚边境至邦达马河中下游的热带雨林地区。传统上实行一夫多妻制,按父系续谱、居住和继承财产。主要从事热带农业,沿海居民则以捕鱼为生。

3. 曼迪族系

共有 13 个部族,占全国总人口的 27%,分北曼迪族和南曼迪族。北曼迪族主要居住在西北部奥迭内地区以及与几内亚和马里接壤的边境地区,按等级和年龄组成盟社组织。实行族内婚,盛行一夫多妻,男女均行割礼,依父系血统传代继承。南曼迪族主要居住在热带雨林北部地区,多数信奉伊斯兰教,属逊尼派,部分信奉拜物教。实行一夫多妻制,按父系组织社会。主要从事农业,种植水稻、高粱、玉米、薯类、芝麻、棉花、秋葵等,也饲养牛羊。从南曼迪族的外貌特征、宗教信仰等来看,许多人类学家认为南曼迪族人很可能就是科特迪瓦最早的居民。

4. 沃尔特族系

共有 14 个部族，约占全国总人口的 16%。主要分布在与布基纳法索接壤的北部地区和与加纳交界的东北部地区，主要部族有塞努弗族、库兰戈族、洛比族等。

五、科特迪瓦主要城市

1. 阿比让（Abidjan）——科特迪瓦经济首都

阿比让是科特迪瓦前的首都，现在是科特迪瓦共和国的经济首都。它是科特迪瓦最大的城市，是西非洲著名的良港，也是非洲大陆最大的集装箱港口之一。港内水深 20—30 米，港口可同时容纳 60 条船。自 1950 年弗里迪运河开凿成功后，位于泻湖内长达六七十公里的阿比让码头均可利用，2 万吨轮船可自由进出，港口年吞吐量达 1000 万吨，输出可可、咖啡、木材、香蕉、棉花、橡胶、锰矿石等。各码头与铁道直接相连。阿比让市还拥有一座大型现代化国际机场。

阿比让位于几内亚湾沿岸（即国境东南沿海岸埃布里耶泻湖北岸），市区南北延伸 25 公里，东西宽 15 公里，由埃布里耶泻湖中的小巴萨姆岛及泻湖北岸组成，岛屿与大陆之间由铁路桥相连。瓦加杜古—阿比让纵贯铁路通往布基纳法索的瓦加杜古，马里和布基纳法索的部分进出口货物也经阿比让转运。阿比让还是总统府、政府、议会的所在地，人口约 500

万，素有"非洲小巴黎"之称。

全市共辖10个区，科科迪区为高级住宅区，马可里区亦在形成高级住宅区中，高原区为白人区，阿佳美区和特勒许维尔区为比较贫穷的黑人住宅区，为西非邻国移民的聚居地。市内有尤布贡、库马希、弗里迪、马科里、特雷什维尔5个工业区。大的工厂有年产200多万吨的炼油厂、60万千瓦的火力发电厂等。

阿比让是马里、布基纳法索等内陆国家的出海口和进出口货物的集散地，也是西非金融、贸易中心。花旗银行、渣打银行均在此设有分行，西非中央银行、非洲开发银行总部亦设在此。市内有 HAYAT，CASH CENTER 和 SOCOCE 等连锁超市与阿佳美批发零售市场。阿比让风景优美，是非洲著名的游览城市，为全国最大的旅游中心，沿湖热带雨林风光优美，旅游业较兴盛。

2. 亚穆苏克罗（Yamoussoukro）——科特迪瓦行政首都

亚穆苏克罗是科特迪瓦的政治首都，也是已故博瓦尼总统的故乡，位于阿比让以北240公里，地理位置优越，人口为25万。以世界上最高的教堂和平圣母大教堂和富丽堂皇的博瓦尼基金会为代表的宏伟建筑显示了其政治首都的非凡气度。中国援建的议员之家是亚穆苏克罗一道亮丽的风景和中科友谊的象征。20世纪初，这里还只是一个小村庄，现已成为一座颇具规模的现代化城市。民主党党部大楼、邮电通信大楼、国际医院、高级宾馆、别墅和若干有特色的风景区、人工湖已修好。有国立高等公共工程学院、国立高等技术教育学院等院校，已形成教育中心。亚市街道宽阔，市容整洁。已建成的重要大型建筑有：总统官邸、"总统旅馆"、博瓦尼基金大厦、党部、国立高等公共工程学院和高等技术学院、市政府、大教堂和大清真寺等。

3. 布瓦凯（Bouaké）

布瓦凯是科特迪瓦第二大城市，位于中部地区，人口为54万。布瓦凯市地处咖啡、可可种植区的中心，是这两种主要农产品的加工和交易场所。这里也有大型纺织厂，纺织业比较发达。该市还是科重要的交通枢纽，通往科北方地区及马里、布基纳法索等北部邻国的公路贯穿该市，阿比让—瓦加杜古铁路科境内段也从此经过。布瓦凯市也是科特迪瓦及其北部内陆邻国往来货物的集散地，商业、运输业发达。

布瓦凯狂欢节（Foire Forum Carnaval de Bouaké）享誉全国，创建于1960年，每年4月都会举办，持续一周，是科特迪瓦本土民俗文化的代表。2017年的布瓦凯狂欢节于2月24—3月5日举办。

4. 科霍戈（Korhogo）

科霍戈是科特迪瓦北部城镇，也是北部地区谷物、棉花、剑麻和牲畜集散地，有轧棉、食品工业，附近蕴藏铌铁矿，还建有航空站。科霍戈是科特迪瓦最受欢迎的城市之一，以其传统的面具舞、独特的祈祷仪式、不同寻常的成年礼、精美的手工艺品等独特的民俗文化和部落风情吸引着来自世界各地的游客。

5. 马恩（Man）

马恩也译做"芒"，是科特迪瓦西部的城市，建有航空站。马恩以其独特的、保存完好的自然景观著称。这里可以呼吸到新鲜的空气，可以眺望壮观的瀑布，可以欣赏独特的自然植被，可以追踪猴子的栖息地，可以充分感受到大自然的鬼斧神工……

六、科特迪瓦经济状况

科特迪瓦独立后，实行以"自由资本主义"和"科特迪瓦化"为中心内容的自由经济体制。20世纪六七十年代经济发展迅速，国内生产总值年均增长8%，创造了"经济奇迹"；进入80年代后，受西方经济危机的影响，经济状况恶化；90年代中期曾一度复苏。1999年科发生军事政变后，经济急剧恶化。2007年内战结束后，经济低速回升。2011年4月科大选危机结束后，新政府积极开展恢复重建，大力扶持港口、石油等重点部门，振兴咖啡、可可等支柱产业，整顿金融市场，开展基础设施建设，改善投资环境，积极争取外援和外资，并取得一定成效。2013年国民经济实现较快增长。

1. 基础设施

目前建成的公路总长达 8.5 万公里，其中柏油路面长 6500 公里，土路长 7.55 万公里。铁路线长 1.156 万公里，联通科经济首都阿比让到布基纳法索首都瓦加杜古。国际机场有三座，位于阿比让、亚穆苏克罗和布瓦凯；地区级机场有 14 座，其中圣佩罗、塔布和大罗阿三座尚在运营。深海港有两个：阿比让和圣佩罗。固定电话用户达到 25.7932 万个，四大电讯运营商提供的移动电话服务覆盖 400 万部手机，五大网络运营商的网络用户达 120 万人。

2. 旅游业

旅游业发达，酒店接待能力较强，全国有 200 多家酒店，其中五星级酒店 3 个，四星级酒店 5 个，三星级酒店 20 个，二星级酒店 40 个，客房数量达到 7754 个，可容纳 1 万人入住。科特迪瓦的酒店分为星级酒店和非星级酒店，从最豪华的酒店到便捷酒店，品类齐全，为旅游者提供多种选择。自 2011 年以来，由于高档酒店不断修建，科特迪瓦的接待能力持续提高。科特迪瓦可以为各种级别的会议提供良好舒适的条件。国内的连锁酒店集团如 ACCOR，ONOMO 以及大型私人企业使科特迪瓦具备了接待国际豪华级活动的能力。除此之外，那里的服务质量和服务设施足以保障各种研讨会、大型会议以及国际讲座的顺利举办。会议中心加起来约有 1 万个座位。

3. 经济动力

经济活动主要集中在该国的南部地区。1%的企业的营业额在 250 亿西非法郎（合人民币 30 亿左右）。中小企业占 61%，平均年营业额不足 5 亿西非法郎。农业对国家生产总值增长的贡献率为 2%，可耕种土地面积为 2400 亿平方米，其中耕地面积达 950 亿平方米。主要农作物包括：可可、咖啡、可乐果（世界第一大生产国）、棕榈油、糖、棉花、橡胶、腰果等。

科特迪瓦是可可的生产大国，其产量位居世界第一，占全球供给量的 40%。咖啡生产居非洲第三位、世界第十二位。可可和咖啡的出口收入是科国主要外汇来源，2010 年科国可可和咖啡产量分别为 148 万吨和 10 万吨。罐装金枪鱼出口量每年达 6 万吨，出口创收达 1500 亿西非法郎，是科国第四大出口创收产品。2013 年国内生产总值达 309.05 亿美元，人均国内生产总值达 1520 亿美元。

4. 对外贸易

科特迪瓦外贸连年顺差，在国民经济中占重要地位。主要出口可可、原油、咖啡、木材、金枪鱼、棕榈油、棉花、橡胶等，进口石油制品、机械设备、交通工具、化学制品、建筑材料、电器、食品等。

2013 年，科主要向以下国家出口：加纳 8.8%、荷兰

8.5%、尼日利亚8.4%、美国6.8%；主要从以下国家进口：尼日利亚23.1%、法国12.1%、中国8.7%、巴哈马6.4%。进出口情况如下：2013年出口额128.09亿美元，进口额89.76亿美元。

5. 与中国的经贸文化合作

建交以来，中国为科援建了议员之家、剧场、格格杜农田水利整治、外交部会议厅、农村学校、加尼瓦医院等项目。

双方承包劳务合作始于1986年。目前有中国地质工程总公司、中国葛洲坝集团公司、中国水利水电建设股份有限公司等在科开展业务。中国援建了阿比让文化宫、精英学校、阿比让—大巴萨姆高速公路、苏布雷水电站、科特迪瓦奥林匹克体育场等项目。

1984年和1996年，中科两国政府签署贸易协定。中国投资开发贸易促进中心于1997年12月在阿比让开业。2016年，双边贸易额为16.69亿美元，同比下降1.9%。其中中方出口15.6亿美元，同比增长0.69%；进口1.01亿美元，同比下降37.7%。中方主要出口化工产品、钢材、建材等，进口农产品、锰矿石、木材等。

中国自1985年开始接受科留学生，截至2015年共接收228名科方奖学金生。2015年5月，阿比让博瓦尼大学孔子学院正式挂牌成立。2014年5月，中国海军第16批护航编队抵达阿比让港访问，这是中国海军舰艇首次访科。

6. 外国援助

2009年3月，科特迪瓦达到国际货币基金组织"重债穷国减债计划"决策点，被正式列入减贫促进增长计划。2012年6月，科特迪瓦达到"重债穷国减债计划"完成点，得以减免总计44亿美元债务（"重债穷国减债计划"和"多边债务减债计划"合计）。2012年科特迪瓦获得的官方发展援助为26.36亿（美元，下同），其中双边援助占50%。主要捐助方为：法国10.05亿、国际开发协会8.79亿、国际货币基金组织2.4亿、非洲开发基金2.01亿、欧盟1.48亿、比利时1.38亿、美国1.11亿、加拿大0.75亿、澳大利亚0.5亿、英国0.45亿等。2013年2月，欧盟宣布向科提供1.15亿欧元（约合756亿非郎）的预算援助，以支持科政府巩固和平、减少贫困、实现经济增长。3月，联合国与科方签署联合国援助发展框架计划（2013—2015年），联合国向科提供3.426亿美元的援助，用于增加就业、保护环境和可持续发展、教育、卫生、防治艾滋病、饮用水安全等。3月，日本政府决定免除科2012年6月1日到期的1100亿非郎（约合2.2亿美元）债务，要求科政府将其用于减贫和发展等国家发展战略。6月，德国政府免除科2521亿非郎（约合5.04亿美元）债务，其中2389亿非郎（约合4.78亿美元）立即免除，另外131.2亿（约合2624万美元）以转移支付方式免除，望科政府将转移支付部分的资金用于市镇环境保护项目。2014年1月，日本首相安倍晋三访科期间承诺向科提供9000万美元援助。

七、科特迪瓦实用信息

1. 签证

科特迪瓦发放电子签证，签证申请可以在网上完成，提交材料也通过网络，然后由科特迪瓦行政机构 SNEDAI 发放签证。也可去科特迪瓦驻法国各领事馆直接办理电子签证，其在法国巴黎、波尔多、冈市、法兰西堡、马赛、南希、尼斯、里昂等地都设有科特迪瓦领事馆。

2. 旅游最佳季节

从11月一直到来年3月是去科特迪瓦旅游的最佳季节。而对于旅游者来说，8月和9月也是去南部滨海城市的好季节。穿越亚穆苏克罗的一条水平线以北，属热带干燥性气候，一年中的气温在16℃—36℃。11月到来年3月是这一地区最舒服和最干燥的季节，也是最好的旅游季节。亚穆苏克罗水平线以南地区属于赤道性气候，从5月到11月是雨季，气温在29℃—32℃之间，8月和9月是这一地区旅游的好季节，从11月到来年5月，这一地区气候温和而干燥，是旅游旺季。

3. 货币

当地使用西非法郎（XAF），它与欧元的兑换率是固定的，1欧元相当于655.957西非法郎，1元人民币相当于近83西非法郎。

4. 电信与网络

科特迪瓦电信覆盖了所有城市大区和 100 多个乡村地区，科也是非洲手机普及率最高的国家之一，有五大电信运营商。越来越多的人家里也安装了互联网。

5. 卫生条件

去科特迪瓦的游客需要提前注射黄热病疫苗，同时建议做好对抗疟疾的准备。科特迪瓦自来水经检测合格，可以放心饮用。

6. 传统节日

科特迪瓦的公共假期有：元旦、古尔邦节（宰牲节）、伊斯兰教新年、复活节、国际劳动节、和平节、耶稣升天节、圣灵降临节、圣纪节（真主生日）、独立日、圣母升天节、万圣节、国庆节、圣诞节和开斋节。

科特迪瓦还有许多独具非洲特色的传统节日。每年在 2 月举行的大薯节就是一个盛大节日，届时，聚居在阿邦古鲁地区的阿肯族系的 11 个部落要集合起来欢度此节。科特迪瓦阿比迪族为庆祝先祖比迪奥重获新生的节日迪裴节也是不可错过的盛典，于每年 4 月举行。节日里要举行祭全羊的仪式，该节第二天清晨则在酋长的命令下，全村人一齐边呐喊边拍打屋门以驱走"死神"，然后男人们跳进河里或互相洒水抹泥表示祝贺，接着用石块或匕首弄伤自己，以显示他们的勇敢无畏，最后一个节目是模拟与"魔鬼"的战斗。除此之外，还有面具节、拜神节、庆祝稻米丰收节、生育节等。热情的舞蹈、艳丽多彩的服饰、欢乐的人群……恐怕只有身临其境，才能品味出这异国的风情与文化。

7. 饮食习惯

科特迪瓦人的饮食习惯因居住地和宗教信仰的差异而不尽相同。科特迪瓦自古以来有食用刺激品的嗜好，烤鱼、鸡、牛肉、虾等都喜欢与辣椒同食，而且当地辣椒以香辣著名。科特迪瓦西餐很发达，阿比让有很多法国餐馆，此外也有不少越南、阿拉伯、印度、意大利和德国餐馆，还有一些中餐馆。

在北部马林凯人、迪乌拉人和洛比人聚居区，主要粮食是高粱、小米等。他们用木臼将高粱、小米等捣碎，加上一些蔬菜、花生米、青豆和辣椒等，一起煮成粥状，煮好后用手抓食。这种食品俗称"库斯库斯"（couscous）。在东部、中部地区，阿肯族系和南曼迪族系居民主要以大薯、木薯、山芋、普兰丹蕉等为粮食，个别地方有少量大米。越往西部去，粮食越罕见，但这里水果、蔬菜比较丰富，人们常用水果当粮食。

第二部分
科特迪瓦 2016—2018 年社会热点

一、旅游业：科特迪瓦经济发展王牌

科特迪瓦将在 2018 年继续大力发展旅游经济。自 2014 年以来，旅游业健康发展的态势让科政府有信心将科打造成继摩洛哥和尼日利亚之后非洲第三大商务旅游目的地国。

科特迪瓦旅游局在 2018 年 4 月 27—5 月 1 日期间组织阿比让国际旅游展览会，此次展览会重点展示了新技术在科旅游产业中的应用。科旅游局总干事让—玛丽·索迈估计 2018 年科将接待游客 7 万人，比 2017 年的 4.5 万人相比有较大增幅。到 2026 年，旅游业力争达到 5.4% 的增幅。在 2002—2011 年科社会内乱危机时期，旅游业一度亮起红灯，但是自 2014 年以来，随着科社会局势的日趋稳定，旅游业的发展势头良好。2016 年旅游业创造了 7.5% 的 GDP。

近几年，科国的酒店建设也不断发展，包括阿比让和亚穆苏克罗在内的两大城市拥有三星级以上接待水准的酒店床位达

3500张，新建的五星级酒店（希尔顿、里兹卡尔顿和雅高）到2025年将为以上两座城市增加一倍的游客接待能力。

到2016年年底，国际游客为科旅游业的创收达到1156亿西非法郎（合1.76亿欧元），与科旅游业2016年全年总收入1.5万亿西非法郎相比，国际游客的收入尚显微薄。科旅游业中，本土游客占比较大，他们喜欢到阿西尼海滨和科西南部海滨游玩，这一带海滨的文化娱乐活动较丰富，吸引了众多本地游客。

资金投入上，科旅游部获得两项基金的资助：一笔为5000亿西非法郎的私人基金；另外一笔为主权借贷基金，金额达3万亿西非法郎，使用期限为2017—2025年。这两项基金将主要用于改扩建科国际级旅游景点的基础设施，包括主要通行道路的改扩建。

此外，科政府还聘请著名咨询公司麦肯斯专门为科制定"象牙旅游"全球发展战略规划，摩洛哥Attijari投资银行集团将为两项基金提供金融业务支持。

二、科特迪瓦2020年总统大选角逐已经开始

科特迪瓦总统瓦塔拉第二个任期一半时间刚到，便引发了科政府高层内部对2020年总统大选的明争暗斗。

瓦塔拉于2017年10月31日夜里密访贝迪埃，作为科共和党和民主党的两大主席，此次见面打破了之前二人一度六个

多月未见面、互相猜忌的僵持局面。瓦塔拉深知，科共和党没有民主党贝迪埃的支持，不可能赢得 2020 年的总统大选。民主党人士对共和党两届连任总统亦有微词：一个国家不可能总是一个党执政。此次瓦塔拉密访贝迪埃意在缓和与民主党的紧张关系，并试图争取贝迪埃的支持。

科特迪瓦国民议会议长纪尧姆·索罗（Guillaume Soro，生于 1972 年）与其党内直接竞争对手总理阿马杜·戈恩·库利巴利（Amadou Gon Coulibaly，生于 1960 年）关系紧张尽人皆知。而库利巴利被朝野一致认为是 2020 年总统大选国家元首的最佳人选。

45 岁的索罗一直在为 2020 年总统大选做各种准备，包括在社交媒体上进行宣传。而库利巴利的父亲曾是博瓦尼总统的亲信，如今其儿子又是总统瓦塔拉的得力助手。库利巴利家族在科的政商人脉关系相当显赫。

2020 年总统大选的候选人主要集中在两大阵营：共和人士联盟党的索罗和库利巴利，民主党的达尼埃尔·卡布兰·敦坎（前总理）、迪比。

三、科特迪瓦——黎巴嫩合资集团 Sociam 布局科特迪瓦高科技电子市场

Sociam 集团创建于 1984 年，主打产品为家电，在科特迪瓦的市场份额自 2000 年以来已达到 65%，超过法国的 Whirpool 和日本的松下（Panasonic），韩国的 LG 集团也在与其拼命争夺市场。Sociam 集团是韩国三星集团在科国的合作伙伴，在科特迪瓦、加纳、利比里亚、贝宁、加蓬、喀麦隆、刚果（金）等国占有很大的市场份额。

Sociam 集团打算在 2018 年进入西非国家市场，主要目标国为塞内加尔和尼日利亚。

近年来，西非各国手机市场方兴未艾，在行业内仅有中国深圳的传音集团的产品是 Sociam 的竞争对手。此次 Sociam 推出新款智能手机 Nasco，对中国传音集团的 Infinix 和 Techno 手机来讲无疑是一大劲敌。

四、法国新任总统马克龙的对科政策

法国总统马克龙 2017 年 5 月上任后，于 6 月在爱丽舍宫接见科特迪瓦总统瓦塔拉。瓦塔拉向马克龙表达了科因本国可可产量危机而财政吃紧，马克龙同意拨款 21.25 亿欧元（合 13940 亿西非法郎）作为法国对科的财政援助，期限为 2017—2020 年。该笔援助资金的分配如下：14 亿欧元用于建造阿比让第一条地铁线路，长 37.9 公里，每天预计运送阿比让旅客 30 万人次；国防开支 3000 万欧元；能源开支 1200 万欧元；公路 1200 万欧元；卫生 1500 万欧元；教育 1500 万欧元；环境 1100 万欧元。以上预算为科 2016—2020 年国家发展规划中的投资项目。

尽管瓦塔拉希望法国免除科特迪瓦债务，并给予科3亿欧元用于清还债务，但马克龙只同意免除3500万欧元的债务援助，并同时签署清偿债务的第三份协议，第二份协议到期时间为2020年。

2017年6月，马克龙在科特迪瓦社会叛乱后的一个月与瓦塔拉见面，双方同意加强军事合作，马克龙表示要帮助科特迪瓦培训军队士官，并协助科进行国家安全改革。

马克龙上任后的8月，对科提出更换法国驻科国大使，瓦塔拉犹豫再三，不得不勉强同意马克龙的任免决定：辞去原法国驻科特迪瓦大使乔治·赛尔（Georges Serre），任命吉尔·余贝松（Gilles Huberson）为新任驻科大使。

2017年11月法国总统马克龙访问非洲三国（布基纳法索、科特迪瓦和加纳），重新定位法非关系：一改过去的经济援助，力求加强经贸合作，开展青年教育、体育和可再生能源合作，并在参加完欧非峰会后为法国援科阿比让地铁项目开工奠基。

五、萨科齐以私人名义访问科特迪瓦，瓦塔拉为何热情接待

萨科齐任法国总统期间在支持瓦塔拉上台问题上态度鲜明，派遣法国驻科独角兽部队协助瓦塔拉打败反对党领袖，因此萨科齐2018年1月16日以私人名义访科有着不同寻常的

意义。

萨科齐与瓦拉塔的私人关系是如何建立起来的？我们有必要回顾一下瓦塔拉的政治生涯。

自1960年独立伊始，被称为"非洲象王"的前总统博瓦尼对科特迪瓦进行了长达33年的威权统治。博瓦尼是位精明的独裁者，他一方面以铁腕手段对科特迪瓦实行专制统治，另一方面也维持了科特迪瓦的长期和平，实现了被称为"科特迪瓦奇迹"的持续20年的经济高速增长。

而博瓦尼在长期的威权统治后，晚年疑心日重，担心本国居民对其不满，所以他打开国门，对外来移民实行优待政策，欢迎他们到科特迪瓦来定居，对穆斯林聚居的北部贫困地区进行补贴，并任命移民家庭出身的瓦塔拉担任总理。他施以小恩小惠来赢得穆斯林移民们的忠心。穆斯林的超高生育率，则很快造成了穆斯林对科特迪瓦本国基督徒的反超。

但1993年博瓦尼去世后，群龙无首的科特迪瓦无法再维持威权统治，议会议长贝迪埃继任总统职务。他一反博瓦尼的优待外来移民政策，宣布实行"科特迪瓦化"，拒绝授予新移入的外来移民投票权。

1995年选举中，贝迪埃以瓦塔拉的双亲之一为布基纳法索人为由，取消了瓦塔拉的选举权。

1999年，科特迪瓦总参谋长盖伊发动军事政变，推翻了贝迪埃。

2000年盖伊被迫实行民主选举，但是在选举前通过《血统论法案》，要求总统候选人的父母必须出生于科特迪瓦，使反对党领导人瓦塔拉不能参加选举。最终，科特迪瓦人民阵线赢得了选举，考古学家巴博成为新总统。巴博当选的结果并未让穆斯林满意，他们声称穆斯林瓦塔拉才是真正合法的科特迪瓦总统，并开始酝酿向新政府开战。

2002年科特迪瓦穆斯林发动内战，占据了科特迪瓦北方，公然杀害了前总统盖伊，科特迪瓦一时陷入血雨腥风的混乱之中。新总统巴博在最初的慌乱之后也很快稳住了阵脚。而一向以温和派穆斯林形象出现的瓦塔拉则在这次动乱中展现了自己高超而圆熟的政治手腕。他没有公然参与叛乱，而是第一时间以受害者的形象躲入法国大使馆，这让他赢得了西方舆论的好感。瓦塔拉与科特迪瓦的前宗主国法国的政要保持着良好的私人关系，尤其是与时任内政部长的萨科齐私交甚笃。瓦塔拉负责保管的前总统博瓦尼在法国留下的巨额财产也为他赢得法国朝野支持提供了巨大便利。

2011年，在联合国的敦促下，科特迪瓦终于实行了无论是否出生在科特迪瓦，都拥有投票权的真正的一人一票的民主选举。瓦塔拉不出意料地当选为科特迪瓦新总统，并受到欧盟、非盟与联合国等国际组织的承认。而由巴博控制的宪法委员会则宣布巴博当选。巴博拒绝向瓦塔拉交出权力，并以武力死守总统府、国家电视台、军营、武器库等重要据点。关键时刻，在联合国和法国的共同支持下，法国部队的坦克撞开了巴博总统府的大门，将其生擒后转交给瓦塔拉的共和军。

因此，西方媒体称，同为移民出身的两个人，瓦塔拉与萨科齐可谓情同手足，没有萨科齐在危机时刻的救助，瓦塔拉的政治生命不可能如此顽强。瓦塔拉曾在公开场合透露：世界上我有5、6个真正的好友，萨科齐是为数不多的一员。2018年1月16日，萨科齐在法国总统马克龙访非（2017年11月26日）后不久、科特迪瓦2020年总统大选角逐序幕拉开之时以私人名义访问科特迪瓦，非洲"兄弟"热情接见并共叙情谊可谓意义深长。

参考文献

[1] 科特迪瓦共和国总统府官网，www. gouv. ci。

[2] 科特迪瓦共和国总理府官网，www. primaturecotedivoire. net。

[3] 科特迪瓦共和国旅游局官网，www. cotedivoiretourisme. ci。

[4] 中华人民共和国外交部官网，www. fmprc. gov. cn/。

[5] 中华人民共和国驻科特迪瓦共和国大使馆网站，http：//ci. chineseembassy. org/chn/。

［6］百度百科，https：//baike.baidu.com/item/%E7%A7%91%E7%89%B9%E8%BF%AA%E7%93%A6/379885？fr=aladdin。

［7］《青年非洲》官网，www.jeuneafrique.com。

喀麦隆共和国概况与社会热点

République du Cameroun
Republic of Cameroon

第一部分
喀麦隆社会概况

一、历史地理概况

喀麦隆共和国（The Republic of Cameroon, La République du Cameroun）位于非洲中部，国土面积47.5442万平方公里。2017年总人口数为2422万人，人口密度为49.9人/平方公里。喀麦隆西部与尼日利亚接壤，北部与乍得接壤，东部毗邻中非共和国，南部则与加蓬、刚果（金）、赤道几内亚相邻，西南部紧依几内亚湾。其气候、地理、人文、文化具有多样性，有"小非洲"的美誉。

"喀麦隆"一词来源于阿拉伯语，意为"虾"。1472年，来自葡萄牙的海员在喀麦隆的武里（Wouri）河小港湾海岸登陆，他们见到河里丰富的虾很是欣喜，这条河很快被命名为虾河（Rio de Camarões），喀麦隆由此得名。

喀麦隆的历史可以划分为五个阶段：第一阶段为殖民前阶段，大约自公元5世纪起，外来部族大量迁入，并先后形成一些部落王国和部落联盟。这一时期社会群体单一，但产生了不同的社会组织形式。第二阶段，1472年，葡萄牙航海家到达喀麦隆。第三阶段，19世纪时德国殖民者到达喀麦隆，并将其变成自己的保护国。第四阶段，一战结束后，喀麦隆东部地区划为法国管理，西部地区由英国统治。第五阶段为独立阶段，1960年1月1日，法属喀麦隆独立；1961年10月1日，英属喀麦隆独立。

喀麦隆是一个总统制的国家，权力集中在共和国总统手中。立法权掌握在两院手中：国民议会和参议院。自从独立以来，喀麦隆只有两位总统，2011年保罗·比亚（Paul Biya）开始了他自1982年以来的第六个任期。

二、语言

喀麦隆的官方语言为法语和英语。约有200种民族语言，但均无文字。

三、宗教

喀麦隆是世俗国家，65%的人信仰基督教，20.9%的人信仰伊斯兰教［主要集中在北部、极北部以及西部（巴蒙族）］，5.6%的人信仰拜物教，1%的人信仰其他宗教，还有3.2%的人是自有信仰者。伊斯兰教、基督教新教、天主教分别于1715年、1843年和1890年传入喀麦隆。基督徒主要集中在南部和西部地区，穆斯林主要集中在西部巴蒙族和北部地区，传统宗教在乡间发展。

四、部族

喀麦隆有 200 多个部族，主要有：（1）班图族系：包括俾格米、贝蒂、巴萨、杜阿拉、杨巴萨等，分布在南方大区、滨海大区、西南大区、中部大区、东部大区等；（2）半班图族系：包括巴米雷克、巴穆恩、巴利等，主要分布在西部大区和西北大区；（3）苏丹族系：包括穆恩当、杜布利、卡伯西利等，主要分布在阿达马瓦大区、北部大区和极北大区；（4）波尔或富尔贝人，主要分布在喀北方地区；（5）绍阿阿拉伯人，主要分布在乍得湖盆地。

五、喀麦隆主要城市

1. 杜阿拉（Douala）

杜阿拉是喀麦隆最大的城市、滨海利托拉省的省会、全国经济中心，同时也是喀麦隆最大的港口城市、最大的工商业中心及交通枢纽。城市拥有一个主要的机场——杜阿拉机场，距离市区 12 公里，港口位于西南沿海平原，距离大西洋 25 公里。

2. 雅温得（Yaoundé）

雅温得是喀麦隆首都，始建于 1880 年，为全国第二大城市，海拔约750米，市区分布在七座山头上，号称"七丘之城"。萨纳加河和尼永河从城市两侧流过。

3. 克里比（Kribi）

克里比是喀麦隆西南部港口，为旅游城市，海滨的沙滩、白浪和独木舟构成克里比一幅风光旖旎的风景画，素有"喀麦隆蓝色海岸"的美誉，法国游客居多。

由中国港湾集团承建的克里比深水港项目一期已于2014年开工，二期项目于2017年7月正式签署协议，项目建成后可停靠10万吨级轮船，吃水深度可达15—16米，而目前杜阿拉港仅能停靠1.5万吨级轮船，且吃水深度仅为6—7米。因此，克里比深水港将成为中部非洲地区最大的货物港口之一。

其他大城市还有巴富桑、巴门达、林贝、马鲁阿等。

六、喀麦隆交通状况

1. 空中交通

有法国航空、埃塞俄比亚航空、肯尼亚航空、比利时航空、土耳其航空等公司提供北京、上海、广州、香港等国内大城市赴喀麦隆的非直达航空服务，一般可经巴黎、亚的斯亚贝巴、布鲁塞尔、内罗毕、伊斯坦布尔等地中转后抵达雅温得或杜阿拉。雅温得国际机场距市中心约50分钟车程，可乘出租车前往市区。杜阿拉机场距市区较近。喀国内航班很少，主要往返于几个大城市之间，存在经常性误点情况。

2. 陆路交通

城市间公路路况较差，恶性事故频发，尤其是雅温得—杜阿拉路段。喀目前主要有两段铁路用于客运和货运，服务及安全性尚好。车辆靠右行驶。

雅温得—恩冈德雷：619公里，用时约12小时。

雅温得—杜阿拉：294公里，用时约4小时。

3. 水路交通

主要海港有杜阿拉、林贝和克里比，杜阿拉港为喀最大港口，货物吞吐量占全国港口货物总吞吐量的95%以上。

4. 市内交通

喀公共交通欠发达，只有几条公交线路，市内主要道路为柏油路，夜晚有路灯照明，大部分支路路况差，无照明设备。市内道路拥挤，交通事故频发。市民出行一般乘坐出租车或摩的，出租车常存在严重超载或司机在行驶中随意停车载客等情况。摩的极不安全，经常有"飞车党"抢劫财物。

七、经济动力

喀麦隆地理位置和自然条件优越，资源丰富。农业和畜牧业为国民经济主要支柱。农业自然资源（香蕉、可可、咖啡、棉花以及蜂蜜）、森林资源、矿产资源（矾土、铁、钴、镍、锰、钻石以及大理石)、石油资源丰富。工业有一定基础。旅游业发展水平低。

喀独立后实行"有计划的自由主义""自主自为平衡发展""绿色革命"等经济政策,国民经济发展较快,20世纪80年代初期经济增长率曾达到两位数,人均国内生产总值一度达到1200美元。1985年后,由于受国际经济危机的影响,经济陷入困难。喀政府采取了一些措施,但收效甚微,与国际货币基金组织签署的四期结构调整计划均未完成。1994年非洲法郎贬值后,喀经济形势开始好转,通货膨胀得到控制,外贸结构改善,工农业增产,财政收入大幅增加。喀政府加大经济结构调整力度,加强财政管理,推进私有化,国内生产总值连续保持增长。2000年,喀顺利完成第五期结构调整计划,并被批准加入"重债穷国减债计划"。2000—2003年,喀在国际货币基金组织资助下实施第二个"减贫促增长计划"。2006年,世界银行、国际货币基金组织确认喀达到"重债穷国减债计划"完成点,喀外债获大幅减免。自2008年以来,受国际金融危机影响,喀财政关税和出口产品收入骤减,外部投资和信贷收紧,失业人数增多。2009年,喀政府公布《2035年远景规划》,重点是发展农业,扩大能源生产,加大基础设施投资,努力改善依赖原材料出口型经济结构,争取到2035年使喀成为非洲经济名列前茅的新兴国家。近年来,喀政府积极平抑国际金融危机的负面影响,加紧实施重大基础设施项目，解决能源供应短缺等问题，大力改善投资环境，经济平稳增长。

八、对外贸易及外资状况

自独立以来，喀麦隆贸易额不断增加，对外贸易在国民经济中占有重要地位，同 100 多个国家有贸易往来，与 30 多个国家签有贸易协定。出口商品主要为农、林和矿业等初级产品。其中可可的出口在 20 世纪 60 年代和 70 年代均占首位，从 80 年代开始，石油跃居出口商品首位，其次才是可可和咖啡。

进口商品中以消费品及机器设备为主。喀麦隆的对外贸易直接受世界市场价格波动的冲击，造成对外贸易连年逆差，1977 年逆差为 196 亿非洲法郎，到 1981 年已达 847 亿。喀麦隆政府采取种种措施使外贸保持顺差：1989—1990 年度为 250 亿非洲法郎，1997 年达 1.48 亿美元（约合 863.83 亿非洲法郎）。但是这些顺差并没有使政府增加收入，因为每年必须偿还债款及支付债息。喀麦隆的国际收支仍然无法平衡，以至于 1998 年的外汇储备只剩 120 万美元。

喀麦隆政府于 1968 年正式制定并开始实施"投资法"，2014 年喀麦隆除了接受法国资本外，还接受德国、英国、加拿大、日本等国的资本。喀麦隆的外资大部分为外国私人资本，他们主要投资食品、木材、纺织、化学、采矿、港口、银行等重要经济部门,其资本在各部门的总资本中占60%—90%。

九、与中国的经贸合作

在过去40年里,中国企业在喀麦隆承建了多个项目,包括大坝、医院、公路、健身设施以及光缆等等。这些项目都受到喀麦隆人的热烈欢迎。

2015年12月,约翰内斯堡中非峰会上,中国政府提出未来三年与非洲国家的"十大合作计划"。在十大合作规划中,与喀麦隆重点项目相关的包括工业化、基础设施建设、生产设备现代化、公共卫生、商贸往来以及投资和金融领域的合作。

2016年7月28—31日在北京召开的约翰内斯堡峰会后续成果落实会议上,喀麦隆和中国签署了价值2800亿中非法郎的融资协议。其中2170亿中非法郎提供给阿达马瓦省（Adamaoua）的比尼瓦拉克（Bini Warak）大坝发电项目建设。这一水力发电设施发电量为75兆瓦,由中国水利水电第十六工程局有限公司承建。2018年4月10日,比尼瓦拉克水电站项目部实验室正式投入试运行。

喀麦隆与中国达成的其他协议还包括为克里比深水港二期工程建设提供的融资900亿中非法郎,以及新的国家组装生产线建设项目可行性研究资金支持900亿中非法郎。

十、喀麦隆实用信息

1. 签证

喀麦隆签证分为过境签证、旅游签证、临时签证（3个月以内）和长期签证。中国和喀麦隆已签署互免持外交和公务护照人员签证协议，但尚未生效。如到喀探亲访友、投资经商等需事先在喀驻华使馆办妥签证。如所在国家没有喀使馆或领事机构，在特殊情况下，可以办理落地签证。

2. 货币

喀麦隆货币为中非法郎，为中非经济共同体国家银行发行的一种货币。1欧元合656中非法郎（固定比价），1美元约合615中非法郎，1元人民币约合90中非法郎。

一般以现金或支票支付。主要银行机构有非洲第一银行（Afriland First Group）、喀麦隆商业银行（SCB）、喀麦隆经济银行（Ecobank Cameroun）、渣打（喀麦隆）银行（Standard Chartered Cameroun）、喀麦隆银行总公司（SGBC）以及一些小型金融信贷机构。

3. 电信与网络

互联网主要在喀大城市有所普及，但网络覆盖率低，网速较慢，费用较高。中国手机可直接放入当地SIM卡使用。

当地主要的电讯运营商有法国的Orange、南非的MTN，国内电话为 60—70 中非法郎/每分钟（约合 0.8 元人民币），国际长途为 150—200 中非法郎/每分钟（合 2 元多人民币）。

4. 卫生条件

喀属疟疾高发区，是非洲 24 个艾滋病重灾国之一。据 2012 年官方统计，喀艾滋病病毒携带者约 60 万人，占总人口的 2.8%。霍乱在喀时有发生，在杜阿拉尤为严重。此外，发病率较高的疾病还有伤寒、肝病和结核病等。

当地医疗条件较差，各级医院设施陈旧简陋，药品和器械主要依赖进口，喀只能生产阿斯匹林等少数几种药品。药品价格较高。农村地区缺医少药现象严重。

5. 风俗禁忌

喀是多部族、多语言和多宗教的国家，历史上曾为德国的"保护国"，后受法、英"委任统治"和"托管"。因地区、部族、语言和宗教信仰不同，风俗各异。除穆斯林信徒忌食猪肉和戒酒外，其他居民无特殊忌讳。交际场合，女士可与男士握手。初次交往，彼此除互道早、午、晚安外，均行握手礼。相互比较熟悉或表示非常尊重时，男士和男士、女士和女士或男女之间可行贴面礼。但对大酋长，一般人不能握手或拥抱，应保持一定距离行注目礼，出席正式活动或会见当地政府官员时应尽量着正装。

6. 饮食习惯

高粱、玉米、木薯、饭蕉是喀种植面积广、产值高的几种粮食作物，另有可可、咖啡、棕榈油、橡胶、茶叶、蔗糖、烟草和香蕉等经济作物。常用物品供应较充足，农产品基本自给，工业制品多依赖进口，有几家法国大型超市，可买到从欧洲进口的食品、日用品等。总体物价较高。

第二部分
喀麦隆2016—2018年社会热点

一、喀麦隆2018年总统大选：保罗·比亚85岁高龄，2018年10月即将卸任，未来人选扑朔迷离

喀麦隆现任总统保罗·比亚已85岁高龄，身体状况不佳，几次被外国媒体披露大恙。2018年总统大选，比亚是否将继续参选无人得知。在保罗·比亚在任的35年中，但凡有意愿抢夺总统宝座的人士，无一不付出沉重代价（解职、逮捕、监禁都有先例），因此谈论比亚总统之后谁来继任的问题是喀政坛及国内上下的大忌。

目前能够继任比亚、堪称实力派的喀麦隆总统候选人主要聚焦在以下四人，其中不乏尚未对外正式公布参选的人选：勒

内—埃曼纽尔·萨迪、洛朗·埃索、埃德加—阿兰·麦博尼戈、路易—保罗·莫塔兹。他们均是喀麦隆人民民主联盟党成员，是喀政坛的四大支柱，也是比亚总统的亲信。他们大都毕业于喀麦隆国家行政法官学院（专门培养喀政坛新秀），勒内—埃曼纽尔·萨迪则毕业于喀麦隆国际关系学院。

萨迪曾在喀驻埃及大使馆就职，算是四人中唯一一个有国外工作经历的人。埃索和麦博尼戈是总统的内阁成员。埃索和萨迪分别担任过总统府的秘书长和副秘书长。莫塔兹担任过类似总理的秘书长一职。麦博尼戈曾执掌过喀军队和公安系统数月，埃索、萨迪和麦博尼戈则在喀政坛位居高职长达20余年。埃索和萨迪是喀的少数民族，在选举中若想获得各族选民的选票并非易事，况且二人的年龄是候选人中最大的，一旦比亚宣布参选2018总统大选，他们的总统梦无疑将灰飞烟灭。年轻一些的麦博尼戈和莫塔兹获选尚有希望，唯一的不利条件便是他们与比亚总统来自同一个地区。

由于人民民主联盟党是喀第一大党，如果比亚总统卸任，他指定的候选人无疑有很大希望当选下任总统；倘若现任总统不幸离世，掌握人民民主联盟党命脉的人士将是下任总统的有力竞争者。

二、足球：2017年喀麦隆获非洲足协杯赛（CAN）冠军

在2017年非洲足协杯的决赛中，喀麦隆以2：1的比分打

败埃及队，取得非洲杯冠军，这是喀麦隆自 2002 年以来获得的首个非洲世界杯冠军，也是喀麦隆在非洲足协杯比赛中摘得的第五个冠军头衔。面对决赛劲敌埃及队（曾获得七届非洲足协杯冠军），喀麦隆足球队的比利时教练布鲁斯（Hugo Broos）在外界种种批判声中仍坚持自己的训练战略和比赛战术，而此次夺冠正是对此前种种批判声音的有力回击。2019 年非洲足协杯赛将在喀麦隆举行，届时喀麦隆足球队的表现更加令人期待，但是比利时教练布鲁斯于 2018 年 2 月合同到期而不再续聘（因喀麦隆足球队教练工资由喀政府支付，而喀麦隆足协主席大选尚未举行，与足球队教练的合同续聘事宜迟迟无法敲定，布鲁斯对续聘前景信心不足，主动提出不再续签合同），令人叹息。

三、国际连锁超市纷纷进驻喀麦隆：抢占 600 万目标人口

法国超市经销商"西部非洲公司"（Compagnie française d'Afrique de l'Ouest，CFAO，已被日本丰田公司收购）于 2017 年 12 月在喀麦隆杜阿拉北部富人区 Bonamoussadi 新开了一家超市。该公司自 2012 年年底被日本丰田公司收购以来，帮助丰田公司开发非洲法语区零售业市场，填补了日本在非洲法语区市场的空白。该公司计划到 2020 年在喀新开六家商业中心，包括目前在雅温得的一家超大型商场和在杜阿拉的两家超市。

新开业的喀麦隆杜阿拉北部富人区 Bonamoussadi 家乐福超市占地 8250 平方米，包括一家家乐福超市、六家专卖店、两家餐馆和一个药店，总投资额达 70 亿中非法郎（合 1070 万欧元），创造 350 个就业岗位，其中直接就业岗位达 200 个。超市除了销售家乐福品牌商品外，还与 180 家当地供货商签订了购销合同，主要用来采购当地的农产品、畜牧业以及渔业等生鲜产品。总计近 3000 种商品的供货商为喀麦隆本地人，将直接带动 1500 个"喀麦隆制造"产品的销售。

除了在喀麦隆新开超市外，"西部非洲公司"还将布局加蓬、刚果（金）和刚果（布）以及中非的其他国家。目前，该公司在科特迪瓦拥有两家商业中心。公司计划 2019 年在雅温得新开一家 Playce 超市，2020 年在杜阿拉再开一家。总投资额达 800 亿中非法郎，主要面向喀麦隆近 600 万中产阶级消费群体。

2017 年 2 月，喀麦隆本土 NBG 零售集团也开始抢占本国零售业市场，继在杜阿拉富人区 Bonapriso 开设了第一家超市 Bel Achat 后，三个月内便新开了第二家超市，占地 1300 平方米，位于 Bassa 工业区的 Ndokoti。该集团在喀麦隆零售业的投资已达 30 亿中非法郎，其目标人群也是喀麦隆的中产阶层。喀麦隆人每天的工资为 6500—10000 中非法郎，届时该集团还将在全国新开 50 家超市，并计划陆续将新店开到中非的其他国家。

四、喀麦隆英语区出现分裂危机

2017年12月,喀麦隆英语区联邦总书记帕特西亚·斯克兰(Patricia Scotland)频频要求比亚总统与其对话协商解决英语区因不安全问题而引发的公民恐慌(学校、商店纷纷关闭,居民甚至不敢出门正常工作生活)。有部分民族分裂情绪激烈的英语区公民甚至提出将喀麦隆英语区独立出喀麦隆共和国,建立喀麦隆南部共和国,也有部分温和派人士主张成立联邦国家。

喀麦隆英语区人口占该国总人口2400万的20%左右。喀麦隆历史上曾由英、法两国共同托管,1960年独立后,喀麦隆的国名改为"喀麦隆联邦共和国",原来西南和西北部地区的居民仍然继续使用英国托管时期的英语。因而,喀麦隆一直奉行双语政策。但在1984年,现任总统保罗·比亚去掉了国名中的"联邦",这一做法极大地伤害了喀麦隆英语区民众的自尊心,英语人口在国家事务中也逐渐被边缘化。英语区居民不满比亚的"独裁",与政府军之间冲突不断,这成为喀麦隆政局不稳的主要因素。比亚总统2017年年底发表公开演讲强调:"喀麦隆共和国是唯一合法的不可分裂的独立主权国家,未来也将继续保持完整性。

参考文献

[1]《青年非洲》官网，www.jeuneafrique.com。

[2] 中国驻喀麦隆共和国大使馆官网，http://cm.china-embassy.org/。

[3] 都市自游人博客，http://blog.sina.com.cn/s/articlelist_1438224413_0_1.html。

布基纳法索概况与社会热点

Le Burkina Faso
Burkina Faso

第一部分
布基纳法索社会概况

一、地理历史概况

布基纳法索（法语：Burkina Faso）又译为"布吉纳法索"，因位于沃尔特河上游而旧称"上沃尔特"（法语：Haute Volta），1984年8月改为现国名。布基纳法索是非洲西部的内陆国，位于沃尔特河上游，撒哈拉沙漠南缘，东邻贝宁、尼日尔，南与科特迪瓦、加纳、多哥交界，西、北与马里接壤。领土面积为27.44万平方公里。布基纳法索以热带草原气候为主，年降水量介于500—1000毫米之间，南多北少，分为旱季、雨季。首都瓦加杜古（Ouagadougou）位于布基纳法索中部，是该国最大的城市，人口达2010万（2017年），也是该国文化与经济中心。

布基纳法索为西非文明古国，从3世纪到13世纪，在布拉（Bura）这个位于尼日尔和布基纳法索西南部的小城，存在记载铁器文明的布拉文化。1896年，法国人来到上沃尔特地区并声称此地为法国属地,但长久以来统治该地的摩西人顽强反抗,直到1919年首都瓦加杜古沦陷,一些原属科特迪瓦北方的省份被并入新成立的殖民地,合称"上沃尔特",成为法属西非联邦的组合单位之一。1932年,法属西非出于经济上的考量而被拆散成较小的单位,直到1937年上沃尔特才与周围地区重组并改称为"上科特迪瓦"(法文:Haute – Côte d'Ivoire)。1956年,法国通过新的法案重新修订该国的海外属地政策,上沃尔特在两年后的1958年升格成法国底下的自治共和国,并在1960年8月5日脱离法国而独立。独立后的上沃尔特经历了数十年的政治不稳及多次政变,直到20世纪90年代初期才开始有起色。

该国的独立日为8月5日,国庆日为12月11日。

二、语言、民族与宗教

布基纳法索的官方语言为法语,主要民族语言有莫西语、迪乌拉语和颇尔语。布基纳法索是全球识字率最低的国家,成人识字率仅为23.6%。

布基纳法索共有60多个部族,分为沃尔特和芒戴两个族系。沃尔特族系约占全国人口的70%,主要有莫西族、古隆西族、古尔芒则族、博博族和洛比族。芒戴族系约占全国人口的28%,主要有萨莫族、马尔卡族、布桑塞族、塞努福族和迪乌拉族。北部地区还有一些从事游牧业的颇尔人和经商的豪萨人。

布基纳法索50%的居民信奉原始宗教，30%信奉伊斯兰教，20%信奉天主教。

三、政治

布基纳法索实行"半总统制"。1991年6月2日，全民投票通过独立以来的第四部宪法。宪法规定：布是一个民主、统一、非宗教的国家；实行三权分立和多党制；共和国总统是国家元首、部长会议主席、最高司法委员会主席、武装力量最高统帅，须从年满35岁的布基纳法索公民中直选产生。2000年4月，国民议会大会通过宪法修正案，规定总统任期5年，可连任一次。总统临时或最终不能行使职权时，由议长代行。解散国民议会时，总统须与议长协商。

罗克·马克·克里斯蒂安·卡波雷（Roch Marc Christian Kaboré）2015年11月29日当选总统，12月29日宣誓就职，任期5年，可连任一次。卡波雷1957年4月25日出生在布基纳法索首都瓦加杜古，年轻时曾在法国求学，获得法国第戎大学经济管理硕士文凭。1989—1996年先后担任布基纳法索交通和通讯部长、财政部长、政府总理。2002年和2007年，他两次当选布基纳法索国民议会议长。2014年1月，卡波雷脱离前总统孔波雷领导的执政党"争取民主和进步大会"，创建了反对党"人民进步运动党"，并在次年的总统大选中获胜。

四、经济状况

伏塔河流经布基纳法索,源头在该国高原地区,但遇旱季则断流无航运,水利灌溉极少。该国位于撒哈拉沙漠南缘,西部广大地区土壤多沙,十分贫瘠,可耕地面积较少,以致农业生产无法自给自足,棉花是主要经济作物和出口创汇产品。

布工业基础薄弱,资源较为贫乏。根据联合国开发计划署《2015年人类发展报告》公布的人文发展指数显示,布基纳法索在188个国家中排名第183位。该国新生儿死亡率为96‰,平均寿命为51.4岁,日收入低于1美元的贫困人口占全国人口的27.2%。不足30%的居民享受洁净饮用水。

布基纳法索是非常贫困的国家,也是周边非洲国家主要的外来劳工输出国。每年有大批劳工外流,短期或长期出卖劳动力以赚取生活费用,主要流向南方邻国加纳、科特迪瓦和几内亚。唯一一条铁路线从科特迪瓦首都阿比让出发,现以布基纳法索首都瓦加杜古为终点,将来拟延伸至尼日尔首都尼亚美。

布基纳法索的货币为西非法郎。

五、外交与军事

布奉行和平、发展和全面开放的外交政策,强调务实的经济外交。同西方国家特别是法国保持密切关系;近年来注重加强同美国及亚洲国家交往,以争取更多外援;积极参与地区事务，努力调解多哥、几内亚、科特迪瓦和马里等国危机，并向中非、马里等国派遣维和部队。外援是布建设资金和弥补预算赤字的主要来源。主要援助国和国际组织为法国、德国、丹麦、荷兰、日本以及世界银行、国际货币基金组织、欧盟、非洲发展基金、联合国开发计划署等。其中，法国是布前宗主国、最大的贸易伙伴和援助国。

中华人民共和国与布基纳法索于1973年9月建交。1994年2月2日，布政府与台湾当局签署"复交"公报，2月4日中国政府宣布中止与布的外交关系。2018年5月24日，布基纳法索外交部长阿尔法·巴里在首都瓦加杜古召开新闻发布会发表政府声明，宣布从即日起，布基纳法索与台湾断绝"外交关系"。2018年5月26日，布基纳法索与台湾当局断绝关系两天后，中国国务委员兼外交部长王毅和布基纳法索外交部长阿尔法·巴里在北京签署了恢复外交关系的联合公报。布基纳法索与中国无直航。中国公民申请布签证，需到第三国申请。

1960年11月1日建军。全国武装力量由正规军和准军事部队组成。总统为武装部队最高统帅。正规军6600人，其中陆军6400人，空军200人，警宪部队4200人，民兵4.5万人。有10架各种型号的飞机。

第二部分
布基纳法索 2016—2018 年社会热点

一、中国政府提醒中国公民近期谨慎前往布基纳法索

布基纳法索首都瓦加杜古在 2016 年、2017 年曾两次发生严重恐袭事件。

2018 年 3 月 2 日，布基纳法索首都瓦加杜古军队总参谋部和法国驻布基纳法索大使馆遭不明身份武装分子袭击。据布官方初步统计，共有 8 名布安全部队成员死亡，80 余名军人和平民受伤，另有 8 名袭击者被击毙。

外交部领事司和驻科特迪瓦使馆（代管布基纳法索事务）提醒中国公民密切关注当地局势发展，近期谨慎前往布基纳法索。在布中国公民保持高度警惕，加强安全防范和应急准备，切勿前往人群密集场所，尤其避免夜间出行，以确保人身和财产安全。如遇紧急情况，请及时报警并与中国驻科特迪瓦使馆联系寻求协助。（本提醒有效期为 2018 年 3 月 3 日至 4 月 3 日）

二、布基纳法索为 10 亿美元的锰项目寻求新的合作伙伴

布基纳法索的 Tambao 矿拥有世界上最大的锰矿储量，估计为 1 亿吨。因政治局势变动、权益纠纷等原因，原本的投资公司向巴黎国际仲裁法庭提出请求，矿藏开采已于 2015 年停摆。布基纳法索政府正在寻找一个新的合作伙伴，需 10 亿美元重启项目。

参考文献

［1］布基纳法索政府官网，http：//www. gouvernement. gov. bf/。

［2］关于布基纳法索的公开信息汇总，https：//www. cia. gov/library/publications/the - world - factbook/geos/uv. html CIA "The world Factbook"。

［3］维基百科法文版与中文版，https：//fr. wikipedia. org/wiki/Burkina_Faso，https：//zh. wikipedia. org/wiki/％E5％B8％83％E5％90％89％E7％B4％8D％E6％B3％95％E7％B4％A2。

［4］百度百科，https：//www. baidu. com/s? wd =％E5％B8％83％E5％9F％BA％E7％BA％B3％E6％B3％95％E7％B4％A2。

［5］中国领事服务网，http：//cs. mfa. gov. cn。

［6］世界人口数据网，https：//www. populationdata. net/pays/burkina - faso/。

［7］https：//fr. wikipedia. org/wiki/Roch_Marc_Christian_Kabor%C3%A9.

［8］http：//www.xinhuanet.com/2015-12/01/c_1117317414.htm.

［9］https：//fr.wikipedia.org/wiki/Roch_Marc_Christian_Kabor%C3%A9.

［10］http：//cs.mfa.gov.cn/zggmcg/ljmdd/fz_648564/bjnfs_648938/gbyj_648940/t1539246.shtml.

［11］http：//news.afrindex.com/zixun/article10463.html.

［12］https：//afrique.latribune.fr/entreprises/industrie/2018-02-23/industries-extractives-le-burkina-faso-en-quete-d-un-nouveau-partenaire-pour-la-mine-de-tambao-769549.html.

贝宁共和国概况与社会热点

République du Bénin

Republic of Benin

第一部分
贝宁共和国社会概况

一、地理历史概况

贝宁共和国（法语：La République du Bénin；英文：The Republic of Benin）曾用国名达荷美共和国（1960—1975 年）（法语：La République du Dahomey），台湾地区译为"贝南共和国"。贝宁位于西非，南临大西洋几内亚湾，陆地部分与尼日利亚、尼日尔、布基纳法索和多哥接壤。国土面积为 11.4763 万平方公里。贝宁首都波多诺伏（Porto–Novo）为国民议会所在地；而科托努（Cotonou）作为贝宁最大的城市，是经济中心和政府所在地。

贝宁大致分为两种气候区。南部为热带雨林气候，有两个雨季、两个旱季，11 月至次年 3 月为大旱季，2—3 月最热，4—7 月为大雨季，7—9 月为小旱季，气候宜人，9—10 月为小雨季，常年气温在 20℃—30℃摄氏度，最高可达 42℃；中部和北部为热带草原气候，分为旱季与雨季，雨季在 5—9 月，年平均气温 26℃—27℃。贝宁每逢旱季的 1、2 月，经常刮来自撒哈拉沙漠的干热东北风，夹杂泥沙，亦称"哈马丹风"，对空气质量影响很大，对早播作物的产量也有一定负面影响。

15 世纪，葡萄牙侵入贝宁贩运奴隶；16 世纪前后，贝宁出现许多小王国和酋长国；17 世纪，发源于阿波美高原的达荷美王国逐步扩张到沿海地区，统一中部与南部；17 世纪中期至 18 世纪晚期，奥约帝国（le Royaume d'Oyo）两度征服达荷美王国，并通过阿贾塞港（波多诺伏）同欧洲商人进行贸易；贝宁地区从 1851 年开始逐步被法国侵占，1894 年沦为法国殖民地（la colonie du Dahomey），1899 年并入法属西非（AOF：l'Afrique – Occidentale francaise）；1958 年成为法兰西共同体内的自治共和国，1960 年 8 月 1 日达荷美共和国（Répu-blique du Dahomey）宣告独立；1975 年 12 月 1 日改为贝宁人民共和国（République populaire du Bénin），信仰马列主义；1990 年 3 月 1 日再次改名为贝宁共和国（République du Bénin），放弃马列主义，同年 12 月 2 日投票通过现行宪法。

贝宁的国庆日是 8 月 1 日。

二、语言

贝宁的官方语言为法语，主要在媒体、行政管理与不同种族间交流时使用，尤其是在城市里。但是，在科托努的市井街头发展起一种类似于俚语的法语变体，被称为"非洲法语"。

英语主要在商务场合使用，尤其是在与邻国尼日利亚的商业交流中。此外，全国使用的非洲语言还有50余种，其中传播较广的有丰语（le fon）、约鲁巴语（le yoruba）、米纳语（le mina）、阿贾语（l'adja）和巴里巴语（le bariba），其中丰语和约鲁巴语有自己的文字。

三、人口、民族和宗教

根据贝宁2013年第四次人口普查结果报告显示，人口达到千万，其中女性人口占51.2%，人口密度为87.2人/平方公里。人口普查结果显示，贝宁超过20万人口的城市达到8个，其中科托努为679012人、波多诺伏为264320人、巴拉库（Parakou）为255478人。贝宁人口年均增长率常年维持在3%左右，据测算2018年人口将达到1550万。

根据2002年的人口普查显示，丰族（又译为"芳族"，les Fon）占总人口的39.2%，主要居住在南部，阿贾族（les Adja）占15.2%，约鲁巴族（les Yoruba）占12.3%，巴利巴族（les Bariba）占9.2%。2013年进行全国第四次人口普查时，最大的四个民族占全国人口比例基本与11年前保持一致，其中丰族占38.4%，阿贾族占15.1%，约鲁巴族占12%，巴利巴族占9.6%。目前部分中文网页数据有误，近20年贝宁各民族人口比例未发生巨大变化。

1990年的宪法规定：贝宁实施政教分离，国家尊重公民的宗教信仰自由。不过，伏都教（法语为 Voodoo，Vaudou 或 Vodoun）诞生于古达荷美共和国，在贝宁和多哥一直拥有大量信徒，与居民的日常生活深度融合，并伴随奴隶贸易一起出口传播到美洲和世界各地，尤其是古巴、海地、巴西甚至美国，常被好莱坞夸张歪曲。据早期统计数据显示，贝宁全国有60%以上的居民信奉伏都教，近20%的人信奉基督教，15%的人信奉伊斯兰教。但最近一次全国人口普查（2013年）的统计数据显示，贝宁各宗教信徒数量比例已发生巨大变化：信奉伊斯兰教的最多，占总人口的27.7%，紧随其后的是25.5%的天主教信徒，伏教教徒仅占11.6%，而6.7%的人信奉贝宁本地化的"天主基督教会"（法语名为 Église du christianisme céleste；英语名为 Celestial Church of Christ）。在日常生活中，许多贝宁人会将伏都教的仪式习惯与其他宗教信仰结合起来。

四、政治状况

贝宁宪法规定实行总统内阁制，行政、立法和司法分离。总统为国家元首、政府首脑和武装部队统帅，由直接普选产生，任期5年，可连任一次。现任总统是帕特里斯·塔隆（Patrice Talon），于2016年赢得选举，任期5年。塔隆是棉花大亨，曾在法国、贝宁等地经商。作为前任总统博尼·亚伊（Boni Yayi）的支持者，他在2006年与2011年均捐款助选。

但2011年后二人交恶，塔隆被指控发动政变未遂，逃到法国被引渡回贝宁，获得特赦，后参加大选成为贝宁共和国第六任总统。

五、经济状况

贝宁是联合国公布的最不发达的国家之一和重债穷国。据2015年的统计数据显示，全国约有63.5%人口日均花费少于一美元。2016年国内生产总值86亿美元，人均国内生产总值768美元。据贝宁债务银行（CAA）公布的数据显示，2016年3月底，贝宁公共债务额21011.7亿西非法郎，约合36.5亿美元，其中外债占50.01%，内债占49.99%。数据显示，同期公共债务占贝宁国内生产总值的比重为41.91%。贝宁外债中，美元占39.8%，欧元占24%。贝宁工业基础薄弱，主要为农产品加工及纺织业，资源较贫乏，已探明矿藏有石油、黄金等，但储量有限。贝宁国民经济的两大支柱是农业和转口贸易，其中棉花是主要的出口创汇产品。根据2018年2月的统计数据显示，棉花出口占总出口额的33%。贝宁是西非重要的转口贸易国，到港货物多转口销往尼日利亚等周边国家。

贝宁货币为西非法郎（全称"非洲金融共同体法郎"），由西非国家中央银行（Banque centrale des États de l'Afrique de l'Ouest）发行，在西非经济货币联盟（Union économique et monétaire ouest-africaine）的8个成员国（贝宁、布基纳法

索、科特迪瓦、几内亚比绍、马里、尼日尔、塞内加尔及多哥）通行，是法国和西非各国之间金融、经济合作的重要工具。此外，中非法郎使用的国家有：乍得、中非、喀麦隆、加蓬、刚果（布）、赤道几内亚六国。西非法郎、中非法郎合称为"非洲法郎"。1945年简称为FCFA（Franc de colonies francaises d'Afrique），意为法属非洲殖民地法郎；1958年改为"非洲法属共同体法郎"（Franc de communauté francaise d'Afrique），在西非经货联盟内，人们称FCFA为"非洲金融共同体法郎"（Franc de communauté financière d'Afrique）；在中非中央银行各成员国内，人们称FCFA为"中部非洲金融合作法郎"（Franc de coopération financière en Afrique centrale）。在欧盟各国货币未统一之前，法国法郎和西非法郎的汇率是固定的，西非法郎在经历了1993年贬值一倍的重创后，于1999年开始与欧元挂钩。

六、外交与军事

贝宁奉行"实用、灵活和不排他"的多元务实外交政策，积极谋求政治支持和经济援助，主张在和平共处等原则基础上同所有国家发展合作关系。注重保持同法国、美国等西方大国的关系，积极发展同印度等发展中大国关系，重视睦邻友好，主张以和平方式解决同邻国的领土争端。积极参与地区事务，多次派兵参加地区维和行动。贝宁也是非盟、西非国家经济共同体等组织成员国。

在对外关系中，贝宁与法国的关系最为密切，一方面因为法国是贝宁前宗主国，独立后继续通过官方语言法语、通行货币非洲法郎对贝宁保持影响力；另一方面在 1990 年贝宁实行民主化和自由市场经济后，法给予了大力扶持，2004 年免除贝宁所欠全部债务 480 亿非郎。贝宁各任总统于 2005 年、2007 年、2009 年、2011 年、2012 年、2013 年、2015 年、2016 年、2018 年多次访法。2015 年法国总统奥朗德也曾访问贝宁。

贝宁 1961 年建军，1977 年改组为国防军、公安军和民兵。1990 年实行军队"非政治化"，国防军改称"武装力量"，保留陆、海、空三军，宪兵及共和国卫队。实行义务兵役制。总兵力约 1.1 万人。

七、旅游资源

贝宁的主要旅游景点有野生动物园（Parc national de la Pendjari 与 Parc national du W）、冈维埃（Ganvié）水上村庄、维达（Ouidah）古城、维达历史博物馆（Le Musée d'histoire de Ouidah）、阿波美（Abomey）古都、海滩等。旅游业作为贝宁的新兴产业，是仅次于棉花的第二大创汇产业，近年来政府对旅游业的投入不断加大。

第二部分
贝宁2016—2018年社会热点

一、贝宁总统塔隆访法

2018年3月5日，法国总统马克龙自2017年上任后，首次在巴黎爱丽舍宫接受了贝宁总统帕特里斯·塔隆的工作访问。

塔隆当选总统后，于2017年在贝宁推出了"政府行动计划"，预计在5年内创造50万个就业岗位，这项计划在主要经济领域需要投资达到9万亿非洲法郎（约等于137亿欧元）。在2017年的"世界适宜经商环境排名"中，贝宁在190个国家中排在第155位，2018年排名升至第151位；同时，主要出口产品棉花的产量2016—2017年为45万吨，预计在2018年将提高到53万吨。但他的改革被国民认为过于自由主义，并认为财富更多地集中到少数人手中。因此，贝宁自2018年2月以来一直在进行罢工。塔隆访法，是希望在政治、经济改革方面得到法国的支持。

为表支持，巴黎为贝宁提供了1.75亿欧元的信用贷款，资助在科托努北部建造医院。法国开发署也将提供高达 5800 万欧元的资金，支持贝宁建设"可持续发展城市"，以应对气候变化。

二、贝宁药品行业改革

贝宁是非洲假药流通的一个重要集散地。根据世界卫生组织的统计，撒哈拉沙漠南部地区 1/3 的假药来自于科托努港。据估算，每年假药导致 10 万人死亡。

2018 年 3 月 13 日，贝宁最大的 5 家药品分销商的负责人因贩卖假药而被判处 4 年有期徒刑。3 月 14 日，塔隆总统宣布贝宁药师协会暂停半年，进行必要的行业整顿。

同时，贝宁政府决定撤销新塞莎麦克斯实验室（New Cesamex）在贝宁的授权，其不得在贝宁领土上销售药品。此实验室在贝宁的总代表穆罕默德·阿涛·伊努霍（Mohammed Atao Hinnouho）没有药剂相关的任何资质。2017 年 12 月司法警察在他家里查获约 94 吨药品。此后，伊努霍在逃，但他的两位合作者已被抓获，2018 年 3 月 13 日被判入狱 6 个月。

三、贝宁前总统候选人组建新党派

2016 年曾参加贝宁总统大选、不幸落选的塞巴斯蒂安·阿雅丰（Sébastien Ajavon）于 2018 年 3 月 26 日宣布组建新的政党——社会自由联盟（USL：l'Union sociale libérale），总部位于距首都科托努 50 公里的捷法市（Djeffa）。

社会自由联盟在社会自由主义的基础上，主张维护自由、巩固国家的作用，并为弱势群体提供保障。据组织者说，这些纲领性文件已获得 200 多位代表的支持。

社会自由联盟党领导机构由 15 名成员组成，其中包括政治新人、前总统亚伊博尼（Yayi Boni）的支持者们以及尼塞福尔·索格洛（Nicéphore Soglo）。索格洛曾于 1990—1991 年任贝宁总理，1991—1996 年任贝宁总统，2002—2015 年任科托努市市长，目前继任市长雷阿迪·索格洛（Léhady Soglo）是他的儿子。

塞巴斯蒂安·阿雅丰在公开演讲中说："我们的国家状态不好，我们不能袖手旁观。"在贝宁，塔隆总统的自由政策不太令人信服，引起了日益增长的忧虑与关注，2018 年 1—4 月受到数次罢工浪潮的打击。

在 2016 年的总统选举中，塞巴斯蒂安·阿雅丰曾以 23%的选票排名第三。2017 年 10 月，他被指控"伪造文书与欺诈"。

参考文献

[1] 贝宁共和国经济统计与分析研究院，http：//www.insae-bj.org（Institut National de la Statistique et de l'Analyse Economique de la République du Bénin）。

[2] 撒哈拉南部非洲经济统计研究所，http：//www. afristat. org AFRISTAT（Observatoire économique et statistique d'Afrique subsaharienne）。

[3] 贝宁总统府官网，http：//www. presidence. bj。

[4] 维基百科法文版与中文版，https：//fr. wikipedia. org/wiki/B%C3%A9nin；https：//zh. wikipedia. org/wiki/%E8%B4%9D%E5%AE%81。

[5] 中国领事服务网，http：//cs. mfa. gov. cn。

[6] 中国驻贝宁共和国大使馆经济商务参赞处，http：//bj. mofcom. gov. cn/。

[7] 世界人口数据网，https：//www. populationdata. net/pays/benin/。

[8] http：//www. lemonde. fr/afrique/article/2018/03/06/a-paris-le-president-beninois-entre-mea-culpa-volonte-de-reforme-et-cooperation_5266454_3212. html.

[9] http：//www. legriot. info/23970-benin-lex-candidat-a-la-presidentielle-sebastien-ajavon-cree-son-parti-politique. html.

[10] https：//www. la-croix. com/Monde/Afrique/Au-Benin-sanctions-serie-distributeurs-faux-medicaments-2018-03-15-1200921135.

[11] http：//www. jeuneafrique. com/mag/543215/societe/benin-

patrice–talon–fait–le–menage/.

[12] http：//www.jeuneafrique.com/542486/societe/benin–le–gouvernement–suspend–lordre–des–pharmaciens/.

[13] https：//www.francetvinfo.fr/sante/medicament/au–benin–la–guerre–contre–les–faux–medicaments–est–declaree_2657904.html.

[14] 张宏明编著：《列国志——贝宁》，社会科学文献出版社2004年版。

刚果共和国概况与社会热点

République du Congo
Republic of Congo

第一部分
刚果（布）社会概况

一、地理历史概况

刚果也常常被非正式地称做刚果（布），其全名是刚果共和国，是一个位于赤道两侧的中非国家。它与刚果民主共和国由刚果河分开。刚果（布）南北长1500公里，东西长425公里。

历史上，刚果（布）经历了一系列传教士的传教，其中最有名的是萨沃尼昂德·布拉柴，也正是由于他，刚果（布）的首都才得名布拉柴维尔。这片土地终于在19世纪末成为法国第二次殖民浪潮的一部分。刚果（布）经过70年的殖民统治，于1960年获得独立，之后又经历了几次政变和内战，直到21世纪初国家政局才得以稳定。

刚果宪法于2002年1月20日通过全民公决，建立了总统制。目前的国家元首是丹尼斯·萨苏·恩格索（Denis Sassou Nguesso）。但刚果（布）的政治制度依然被认为是专制甚至独裁的。

二、人口、部族和语言

首都布拉柴维尔拥有 400 多万居民，是一个人口密度低的国家，平均每平方公里 13 个居民，大部分人口是城市人口（62.2%）。人口主要集中在该国南部的布拉柴维尔和黑角两个主要城市。

刚果共和国的官方语言是法语。刚果有 56%（年龄在 10 岁的人口占 78%）的人口使用法语，是 2010 年非洲地区使用法语比例第二高的国家，仅次于加蓬。大约 88% 的 15 岁以上的首都布拉柴维尔人能够流畅书写法语。其他语言基本上是班图语言。

三、经济状况

刚果（布）石油、天然气资源丰富。经济主要依靠开采大西洋沿岸的烃，烃的出口占全国总出口的 90%。石油勘探和生产集中在黑角的郊区，黑角因此成为刚的经济首都。截至 2014 年，刚果共和国已探明可采石油储量约 19 亿桶，天然气储量约 1000 亿立方米。20 世纪 80 年代初开始在海上进行大规模石油开采。目前开采的石油主要来自海上油田，占开采石油的 80%。近几年，刚果（布）的石油年产量在 9000 万到 1 亿桶之间，刚由此成为撒哈拉以南非洲第三大产油国。石油日产量将从 2016 年的 23.2 万桶提高至 2017 年的 29 万桶，2018 年可能达到 35 万桶，创历史新高。但是，2014 年中期以来，随着世界原油价格的下跌，刚果（布）的一部分石油开发商纷纷转向农业、农产品加工、仓储、物流、河流运输、木材以及数字经济等领域发展。

木材业是刚果（布）位居石油之后的第二大出口产业，其森林覆盖面积近 60%，总面积达 2200 亿平方米。

刚大部分农业产品（木薯、水果和蔬菜）仅供当地消费。工业很不发达，主要生产的香烟、水泥、纺织品、肥皂、酒类、鞋等也是以本地消费为主。目前进口食品支出高达 1200 亿非郎。

2005 年，因国际市场石油价格持续上扬，刚财政状况进一步好转，经济增长率高达 8%。2006 年 3 月，世界银行和国际货币基金组织批准刚加入"重债穷国计划"。2010 年 1 月，刚达到重债穷国完成点。2018 年，国际货币基金组织再度对刚局势表示担忧，并多次前往该国进行经济援助贷款的磋商会谈。

四、与中国关系

自 1964 年中刚两国建交以来，中国向刚方提供了优惠贷款、无息贷款、无偿援助和物资援助等形式的经济援助。这些援助在刚国内产生了广泛、良好的影响，为巩固和发展中刚两国关系发挥了重要作用。2006年，中刚两国建立战略合作伙伴关系，当时双方的贸易额仅为10亿美元，2012年达到57亿美元。中国已经成为刚第一大经济合作伙伴。

中国在刚援建的项目主要有：朱埃广播发射台，奥旺多医院，奥旺多、韦索、西比蒂和莫萨卡城市供水，布昂扎水电站，议会大厦，农技学校，马桑巴·代巴体育场（维修），黑角医院和抗疟中心等。在刚中资企业主要有中国建筑股份有限公司刚果（布）有限责任公司、中国路桥、中国机械、北京建工、江苏国际、威海国际、中国电子、华为、中兴通讯等。

第二部分
刚果（布）2016—2018年社会热点

一、国际货币基金组织对刚果（布）局势表示担忧

2018年4月2日，国际货币基金组织（IMF）考察团再次到访布拉柴维尔，将与刚果（布）政府针对高达上亿美元的

对刚经济援助一事进行进一步磋商。

此前（2017年12月），国际货币基金组织曾表示为刚果共和国沉重的债务以及较弱的反腐败力度感到担忧，并指出："刚果经济继续受到油价下跌、沉重的债务和治理缺陷的负面影响，2017年非洲石油经济进一步衰退，下降了9.2%，这严重影响了这一原本就很脆弱的民族。"声明补充说："国家机构反腐败力度小，统计数据不足，限制了法律法规的实施，增加了经济的脆弱性。"国际货币基金组织代表团总结说："一旦这项工作完成，基金组织工作人员将马上讨论对刚果经济的援助计划的财政安排层面，然后提交执行局审议。"

目前，国际评级公司穆迪（Moody's）对刚果（布）的偿债能力表示担忧：刚果（布）的评级结果为Caa2，意味着其有可能违约，或现在就存在危及本息安全的因素。相反，另一个国际评级机构标准普尔（S&P）对刚果（布）的评级结果则为CCC+，意味着"高风险信贷"，目前有可能违约，发债人能否履行财务承诺将取决于商业、金融、经济条件是否有利，当遭遇不利的商业、金融或经济环境时，发债人可能会违约。

需要指出的是，国际货币基金组织已于2017年6—7月分别向加蓬（6.42亿美元）、喀麦隆（6.662亿美元）、乍得（3.121亿美元）等非洲重债国家发放了数额巨大的经济援助贷款。刚果（布）是否会是下一个被救赎对象？一切都需要仔细衡量。不过，该国的偿债能力实在是很低。

二、非洲12国联手建立"蓝色基金"保护刚果河谷森林资源

刚果（布）森林资源丰富，是继亚马孙河谷之后的世界第二大森林储备国。这里的热带森林面积占世界热带雨林面积的1/4，生物多样性在刚果（布）森林中体现得尤为明显，地球上近一半的动植物种类都能在这里找到。其林业面积共计2220亿平方米，占整个国土面积的60%，约占非洲大陆森林面积的10%。但是，该国森林资源也正面临诸多威胁。

2018年3月10日，非洲12国联手建立"蓝色基金"（Fonds bleu），旨在保护刚果河谷周边的水域环境及其2200亿平方米的森林资源，并竭力提高当地人民的生活质量。这12个国家包括：安哥拉、布隆迪、喀麦隆、刚果（布）、加蓬、赤道几内亚、摩洛哥、卢旺达、刚果（金）、乍得、坦桑尼亚和赞比亚。

刚果河谷地区的原始森林在2000—2010年期间已开采70亿平方米，2010—2018年期间的开采速度几乎未变，甚至有增无减。森林经济的快速发展虽然短时间内为当地人民增加了经济收入，但是对森林资源的无限度开发将会使该国

的森林资源遭到破坏,并造成不可逆转的后果。如果国家立法不及时出台并监督实施,未来将不可想象。就如同中非地区的石油开采一样,立法后监管执行力度若不够,必将形成恶性循环。

刚果河谷"蓝色基金"将以补贴的形式每年发放,长期来看,最高补贴可达1亿欧元。"蓝色基金"将主要在以下项目中进行遴选:航道改造、水电站建设、土地灌溉工程、渔业发展、鱼类养殖、水产养殖以及生态旅游等。

三、法国公司 NECOTRANS 获得布拉柴维尔河港的特许经营权

法国物流集团 Necotrans 于 2017 年 5 月 17 日获得布拉柴维尔河港 15 年的特许经营权。Necotrans 将投资 1460 万欧元用于刚果河河谷港口设备的现代化改造以及近 10.8 万平方米面积的航道疏通工程。经过多次协商,刚果(布)航道与河流经济部部长吉尔伯特·莫克奇与法国 Necotrans 公司行政委员皮埃尔—安德烈·维尔裁共同签署了合作协议。

四、中刚非洲银行——中国农业银行与刚果(布)的合资银行在刚运营良好

当地时间 2018 年 4 月 10 日上午,中刚非洲银行大厦启用仪式在刚果(布)首都布拉柴维尔举行。刚果(布)总统萨

苏为大楼剪彩揭牌，并为参与这一合作项目的中刚两国主要负责人授勋。

中刚非洲银行是在两国元首的积极推动下建立起来的。2013年3月，中国国家主席习近平访问刚果（布），其间萨苏总统提议组建中刚非洲银行。2015年7月，由中国农业银行、刚果（布）政府、国家石油公司以及私营企业共同出资成立的中刚非洲银行开始对外试营业。中刚非洲银行总股本为1亿美元，其中中国农业银行占股50%。2016年2月，中刚非洲银行开业，新办公大厦奠基。中刚非洲银行总部大厦由中国建筑承建，运用了最先进的设计理念和施工技术，仅用两年时间就建成了一座高规格、高标准、高质量的大楼，是刚果（布）最高水平的智能化大楼，成为布拉柴维尔新的地标建筑，大厦总建筑面积约2.2万平方米、高16层。到2016年12月，中刚非洲银行亏损约200万人民币，处于盈亏平衡点的边缘，董事会确定2016年亏损额在30亿中非法郎，相当于3000万元人民币。2017年8月底存款市场份额超过8%，接近市场平均份额。同时，该行已成为当地对政府融资的第二大银行。

中刚非洲银行总部大厦的正式启用，标志着中非合资银行进入了一个新的发展时期，将有力推动中非金融合作向更深层次迈进。

参考文献

[1] http://cg.china-embassy.org/chn/zgzj/wtjw/t578080.htm.

[2] http://cg.mofcom.gov.cn/.

[3] http://world.people.com.cn/n/2014/0226/c1002-24473385.html.

[4] http://finance.sina.com.cn/roll/2017-07-31/doc-ifyinwmp-0929913.shtml.

[5] http://world.people.com.cn/n1/2018/0412/c1002-29920-479.html.

[6] http://news.21so.com/2017/21cbhnews_0731/332954.html.

[7] http://world.people.com.cn/n1/2018/0105/c1002-29746263.html.

[8] http://www.jeuneafrique.com/mag/476367/economie/le-casse-tete-fmi-congo/.

[9] http://www.jeuneafrique.com/mag/547413/societe/environnement-le-silence-de-la-foret-congolaise/.

[10] http://www.jeuneafrique.com/411374/societe/fonds-bleu-destine-a-preserver-bassin-congo-pied/.

[11] http://www.jeuneafrique.com/9431/economie/comment-necotrans-a-d-croch-la-concession-du-port-de-brazzaville/.

布隆迪共和国概况与社会热点

République du Burundi
Republic of Burundi

第一部分
布隆迪社会概况

一、布隆迪社会经济概况

布隆迪共和国（The Republic of Burundi），简称布隆迪，是一个位于东部非洲的小型内陆国家，其北、东、西面分别为卢旺达、坦桑尼亚与刚果民主共和国。首都为布琼布拉。

布隆迪拥有丰富的矿产资源，包括铜、金、钴和镍，但其中绝大多数至今未被开发。布隆迪的经济主要依赖农业和养殖业。农产品主要销往国外，如咖啡、茶、棉花和粮食蔬菜等。布隆迪90%的人口依赖农业，农业占其国内生产总值的45.8%。[1]根据2016年的统计数字显示，布隆迪的工业生产只占其国内生产总值的17.1%，服务业占37.1%。2015年，布隆迪出口商品有咖啡、茶叶、金矿产品、啤酒和香烟，分别占出口总量的27%、21%、8.3%、7.3%和3.8%。2015年布隆迪出口总量达1.65亿美元，比2010年高出4000万美元。布隆迪的主要进口货物包括精炼石油、电话、成品药、汽车以及特殊药品,分别占进口总量的15%、6.5%、6.0%、3.3%和2.8%。[2]2015年布隆迪进口总量达6.47亿美元,比2010年增长了近21.15%。布隆迪主要出口国有刚果(金)、巴基斯坦、苏丹、阿拉伯联合酋长国和肯尼亚。其主要进口国有中国、印度、比利时、卢森堡、坦桑尼亚和荷兰。布隆迪是世界上最穷的国家之一,在2015年人类发展指数中的187个经济体中排名第184位。

根据国际货币基金组织的数据显示,布隆迪的国内生产总值在2015年减少了7%,2016年减少了0.5%,2017年没有任何增长,预计2018年会有0.1%的增长。[3]相比2015年,布隆迪2016年的财政赤字中,用水、医疗卫生和消毒缩减了72%,健康支出缩减了54%,教育缩减了30%。然而,布隆迪的军事开支却有所增加。2015年,由于税收政策和安全危机,布隆迪的通货膨胀继续增加,各种基础设施被毁,很多年轻人失业,引起食物价格上涨,财政赤字高达8.93亿美元,通货膨胀率达5.5%。而这一经济状况还会持续。[3]

布隆迪公共部门继续对进口、基础建设和军事加大投入。此外,布隆迪公务员的工资也是财政的一项重要开支。自从西非共同体范围内的税收削减之后,布隆迪的国家收入就一直在减少。[5]由于布隆迪境内政治局势不稳,国际捐赠者也在不断暂停他们的援助,布隆迪可能在未来积累巨额赤字,其货币相对美元也会不断贬值。然而,布隆迪却享受国际货币基金组织在水利发电方面基础设施发展的援助。[4] 布隆迪在加强融入西非共同体的进程中也会促进其贸易发展。农业是布隆迪的主要经济活动，但由于缺少投资，其生产力受到严重制约。虽然2013年颁布了矿法，但由于布隆迪境内频繁停电和基础设施落后，镍矿产业的生产仍严重受阻。

自2015年4月起，已有22万人逃离布隆迪，其中包括投资者、商人和中产阶级。占旅游人数10%的加拿大、美国、法国和比利时游客也避开布隆迪。旅游业偿还能力受限，这也影响到银行向旅店建设提供借贷。布隆迪国内的不稳定局势使得大量投资撤离、国际援助终断，这无疑给已经非常贫穷的布隆迪更加沉重的一击。[5]

二、布隆迪能源资源

1. 未开发潜在化石能源

许多调查和勘探显示，在布隆迪坦噶尼喀湖内和鲁齐齐平原上均蕴藏着丰富的碳氢化合物，然而这些矿藏至今未被开发。

2. 水力资源

布隆迪地处赤道，多山脉，拥有丰富的水力资源。布隆迪水利发电的潜力大约在1700兆瓦，其中约300兆瓦是可以开发利用的。近期对一些地点的评估显示，布隆迪的水力发电能力远比在 1983 年估计的要高得多。根据最近的一项文献调查显示，在布隆迪共发现 156 个潜在的水力发电站点，29 个已经存在或正在建设的站点。目前，只有不到 30 个站点被开发利用。[6]

3. 太阳能资源

布隆迪的太阳能资源非常丰富，年平均日照率将近每年每平方米 2000 千瓦/小时，相当于欧洲日照最好地区（欧洲南部地中海沿岸）的日照率。[6]

4. 风力能源

目前，在布隆迪好像还没有一项有关风力能源开发的可行性研究。根据风能资源评估的地图集显示，布隆迪的风能小于 4.8 米/秒。[6] 这似乎是完全不能被工业风力发电所开发利用的。然而，凸起的高地、丰富的水脉资源和国家的地形都使得某些地方的风力开发变得有利，尤其是在靠近坦噶尼喀湖西岸的地方。

5. 地热能

布隆迪位于艾伯丁烈谷流域，这一地理位置的地壳中蕴含着丰富的地热能。如果在布隆迪存在约 15 处地热源，那么最高温度应该在 70℃ 左右。[6] 但是，布隆迪似乎并不存在更高温度的大型火山。

6. 生物发电

（1）城市垃圾

一项有关有效利用布琼布拉的城市废弃垃圾的项目正在商讨中。这一公私合作框架下的项目发起人希望能在收集、甲烷厂和电力生产方面进行投资。

（2）泥炭

布隆迪拥有丰富的泥炭资源，估计约6亿吨。可开发的泥炭资源在4700万—5800万吨。[6] 目前，在布隆迪，泥炭只被用做燃料用于取暖和做饭。泥炭的消耗每年约几万吨，并且还在不断增加。使用泥炭进行发电是可行的，但要对泥炭技术给经济、环境和土地带来的影响以及潜在的可开发资源枯竭风险等要素进行评估。

（3）蔗渣

布隆迪的莫索糖厂（SOSUMO）就有靠蔗渣发电的发电站。该发电站利用甘蔗废渣进行废热发电，两台2兆瓦的发电机组在全年糖生产期的6个月内全线运行。但是，蔗渣发电站的生产只用于莫索糖厂和政府大楼。因此，发电站可能的过剩产量也不会注入到布隆迪水电公司 REGIDESO 的运营中。[6]

（4）天然气

在20世纪90年代，布隆迪将人和牲畜粪池改造成粪池天然气站，已完成近60个集体项目。而这些粪池天然气站因政治动乱都需要重新恢复。这一能源资源非常值得开发。

7. 木材资源

布隆迪人民日常灶火的主要能源来自于木材燃烧。然而，木材的年需求量（3300万—4400万吨）已经超过布隆迪木材生产总量（1300万—2900万吨）。据统计，2010年布隆迪拥有20亿平方米森林储量，但对于800万人口（其中96%和99%的人口依赖木材或木炭燃烧）来说，如果在未来几年不采取一些根本性措施，木材资源未来15—20年的前景令人堪忧。[6]

三、布隆迪能源基础设施

根据布隆迪矿产能源部2013年的数据，布隆迪的发电能力如表1所示：[6]

表1 布隆迪国家水利发电量

水力发电站	经营商	投入生产日期	发电功率（MW）	年发电量（GWH/an）
鲁微古拉水电站（Rwegura）	REGIDESO	1986	18	552
穆杰雷水电站（Mugere）	REGIDESO	1982	8	4504
鲁富伊龙扎水电站（Ruvyironza）	REGIDESO	1980—1984	1275	502
基孔杰水电站（Gikonge）	REGIDESO	1982	0.85	424
尼曼加水电站（Nyemanga）	REGIDESO	1988	144	1110

续表

水力发电站	经营商	投入生产日期	发电功率（MW）	年发电量（GWH/an）
马兰加拉水电站（Marangara）	REGIDESO	1986	0.14	117
喀宴兹水电站（Kayenzi）	REGIDESO	1984	0.408	153
TOTAL			30113	12333

资料来源：《Etudediagnostique du secteur de l'Energie au Burundi dans le cadre de l'Initiative du Secrétaire Général des Nations Unies sur l'Energie durable pour tous（Sustainable Energy for All）》［archive］, sur http：//www.se4all.org/sites/default/files/Burundi_ RAGA_ FR_ Released.pdf, le juin 2013（consulté le 12er décembre 2017）.

布隆迪乡村电气化公司（ABER）开发了5座微型水电站，产能0.473兆瓦，以供给一些偏远的小型发电站。布隆迪境内也有很多私人开发的小型水电站，产能0.65兆瓦。鲁齐齐河沿岸两座发电站由卢旺达、刚果（金）和布隆迪共同分享。鲁齐齐Ⅰ号水电站由刚果公司SNEL开发。鲁齐齐Ⅱ号水电站由三国控股的非洲大湖地区国际电力公司（SINELAC）开发。水电公司REGIDESO只拥有一个热电站，位于布琼布拉。由于资金匮乏、碳氢燃料短缺，REGIDESO对热电站的开发有时非常受限。由于2013年水电公司REGIDESO的碳氢燃料未被编入预算，该热电站后来没能运行。自2013年4月初起，公司出租两年10兆瓦电组来获得每年碳氢燃料的资金资助。另外一个 5 兆瓦电组在世界银行紧急项目框架下也在 2013 年开始投入生产。

布隆迪电网由许多不同的独立电网组成，是通过鲁齐齐、鲁微古拉和穆杰雷发电站供给布琼布拉和基特加地区的主要电网，并与卢旺达和刚果（金）电力运输系统相连接。在供给省会城市的微型水电站和热电站的周围环绕着许多独立的电网，而在南部靠近布鲁里处的电网最为密集和发达。

目前，布隆迪还没有精炼厂，整个碳氢化合物从坦桑尼亚和乌干达进口。直到 2013 年，布隆迪只有两座碳氢化合物储存中心，一座在布琼布拉（约 1.4 万立方米），另一座在基特加（2.5 万立方米）。

四、布隆迪能源消耗

矿产和能源部官员纽昆兹曼·约瑟夫宣布了一条布隆迪 2017 年最受欢迎的能源消耗类型排名：[6]

（1）以木材和木炭为主的生物能源占能源总消耗量的 96.7%，主要用于烧煮、家用取暖、公共基础设施，如学校、寄宿学校、军营、监狱等；

（2）石油产品约占 2.5%；

（3）电约占 0.5%；

（4）其他能源，如太阳能、天然气、泥炭等占 0.3%。

作为布隆迪第一大能源消耗类型，生物能源正面临着使布隆迪森林消失的危险。对于布隆迪来说，最重要的是平衡能源消耗类型，否则整个国家都会失去森林。煤油在家庭中的使用已经大幅缩减，然而布隆迪的电力供给非常有限（用电量每年每人不足30千瓦，低于非洲平均每人每年150千瓦的用电量）。由于布隆迪电力生产能力的制约，日益增长的电力需求受到限制。旧的电力网没有得到很好的维护，在动乱期间被破坏，电力运输蒙受重大损失。尽管电力进口量占电力正产量的比例已达40%，但仍无法满足国内的用电需求。布隆迪蕴藏着丰富的矿产和能源资源，但由于资金和技术的匮乏，碳氢燃料的消耗在很大程度上仍长期依赖进口。

第二部分
布隆迪2016—2018年社会热点

一、布隆迪能源与经济发展现状

据布隆迪水电公司REGIDESO 2012年的经营报告显示，尽管2011年布隆迪采取了能源领域战略，沉重的能源支出（主要涉及从SNEL和SINELAC公司进口能源和国际石油热电站的租金）负担也严重影响到公司的财务状况。电力部门的严重赤字引起了国家各社会经济领域严重的电力供给问题。根据布隆迪人民银行（BRB）的统计数据显示，2011年碳氢燃料的进口总额已经接近布隆迪全国的出国总额，且出口总额对进口总额的覆盖率低于20%。碳氢化合物进口份额的总值占整个进口总量的约20%。[6]

布隆迪国家需要极大地提高其国家的电力生产能力并促进国际水利发电项目（如鲁苏莫瀑布和鲁齐齐Ⅱ号水电站）。布隆迪于2015年4月23日颁布了电力部门重组法第1/13条来促进水电生产，以适应布隆迪经济的不断增长。2015年12月29日，布隆迪能源与矿业部签订了国家北部基龙多省乡村电气化的法令项目。该项目由资助国投资2400万美元，自2016年至2018年实施。2017年10月，布隆迪饮用水和矿产电力调节司主办了关于布隆迪电力和饮用水运输的研讨会，旨在明确布隆迪饮用水和矿产电力调节司的职能（生产、运输和销售），并制定相关法令。

尽管如此，由于严重的财政赤字和国内政治局势不稳定，布隆迪能源开发能力的发展仍然十分有限。2017年11月7日，由于布隆迪乡村电气化公司（ABER）缺少一个电流变压器，加嗒伯至穆朗维亚地区出现用电荒。[7]

二、布隆迪能源领域投资与国际合作

由于 2015 年的政治危机，国际援助相继暂停，布隆迪的财政赤字在 2017 年继续加重。截至 2016 年末，布隆迪国内政治局势的不稳定使得布隆迪的经济衰退率高达 7.4%。国际刑事法庭 2017 年从布隆迪的撤出使得当地的情势变得更加艰难。国际援助的暂停也加重了赤字压力。虽然布隆迪继续努力地吸引外资，但在能源领域的资金投入仍非常有限。[8][9]

2017 年 10 月 10 日，比利时皇家自然科学院捐赠了布隆迪当局 6 块太阳能板用于保护当地环境。这 6 块太阳能板电容量为 325 瓦特，能够使信息交换中心和加贝生物多样性研究中心实现自主供电。自 2001 年起，布隆迪环境保护总局就与比利时皇家自然科学远签订了合作协议。

2017 年 10 月 20 日，布隆迪与欧盟签订了一项 9500 万欧元的支持协议，支持范围包括布琼布拉社会经济的各领域。这一新的支持措施可以资助布隆迪乡村发展、饮食、健康以及能源发展等相关项目。[10]

2017 年 11 月 21 日，加拿大蒸汽金属精炼公司（CVMR Corporation）签署了一系列为期一年的关于研究开发布隆迪瓦加至穆亢加地区（基特加省内）和比克地区（卡鲁斯省内）镍、钒和矿石的协议。该协议自 2018 年 1 月起生效。布隆迪是世界上镍和矿石储量第六大国家。这些矿物元素在新型技术，尤其是汽车制造，包括电动汽车的大量生产中都是必不可少的。加拿大化学气相金属精炼公司将投资4000万美元并创建1500个就业岗位，其中有两位高级专家，一位来自布隆迪，一位来自南非。在布隆迪，企业主一般都会加入布隆迪社会四大传统商会之一的布隆迪生产商会，该协会是布隆迪社会经济支柱，将各行业人员（农耕者、养殖者、捕猎者、商人、企业家、捕捞者和艺人）组织起来为国家进行生产。[11]

根据布隆迪经济统计研究院的数据显示，布隆迪2017年能源生产量比2016年增长6.9%，约11.8亿千瓦时。2018年，布隆迪矿产能源部发布了新的碳氢燃料价格结构。这一石油产品价格结构的新调整使得当地货币兑美元汇率贬值，随后碳氢燃料的价格又重新调回。[12] 然而，2018年布隆迪的财政赤字继续加剧，能源领域的投资发展仍受到严重制约。布隆迪政府希望通过向国际银行的借贷和国际援助实现国内能源及其他领域的生产和发展。

参考文献

[1]《REPUBLIQUE DU BURUNDI CONTRIBUTION PREVUE DETERMINEE AU NIVEAU NATIONAL（CPDN）》［archive］，sur BURUNDhttp：//www4. unfccc. int/submissions/INDC/Published% 20Documents/Burundi/1/CPDN% 20BURUNDI. pdf，le septembre 2015（consulté le 10

décembre).

[2]《Burundi: Le contexte économique》, sur http://www.expert-comptable-international.info/fr/pays/burundi/economie-3, consulté le 5 janvier.

[3]《La gestion des finances publiques au Burundi》[archive], sur http://www.nathaninc.com/sites/default/files/burundipdfs/La%20gestion%20des%20finances%20publiques%20au%20Burundi.pdf, le mai 2006 (consulté le 2 janvier 2018).

[4]《Relations du Burundi avec l'Union》[archive], sur le site du Service européen pour l'action extérieure, 2013 (consulté le 15 novembre 2018).

[5]《Perspectives économiques au Burundi 2018》, sur https://www.afdb.org/fileadmin/uploads/afdb/Documents/Publications/African_Economic_Outlook_2018_-_FR.pdf [archive], consulté le 23 janvier.

[6]《Etude diagnostique du secteur de l'Energie au Burundi dans le cadre de l'Initiative du Secrétaire Général des Nations Unies sur l'Energie durable pour tous (Sustainable Energy for All)》[archive], sur http://www.se4all.org/sites/default/files/Burundi_RAGA_FR_Released.pdf, le juin 2013 (consulté le 12er décembre 2017).

［7］《Burundi：9% des Burundi utilisent l'énergie électrique》，sur http：//burundi – agnews. org/actualites/，consulté le 2 janvier.

［8］《Burundi：Permis à Morgan Mining SURL pour le COLTAN et l'URANIUM de Bubanza》［archive］，sur http：//burundi – agnews. org/［archive］，1er mai 2015（consulté le 1er octobre 2017）.

［9］《Burundi/Afrique du Sud：la 1ère commission mixte de coopération attendue en 2018》［info］，sur www4. unfccc. int/submissions/INDC/Published% 20Documents/Burundi/1/CPDN% 20BURUNDI. pdf，le 8 septembre 2017（consulté le 29 décembre 2017）.

［10］《L'Agence Française de Développement mène des actions dans plusieurs secteurs au Burundi》［info］，sur le site http：//www. ambassade – du – burundi. fr/coop% C3% A9ration – franco – burundaise/，consulté le 5 décembre.

［11］《Burundi：Le CANADIEN CVMR investit 40 Millions USD pour le NICKEL》，sur http：//burundi – agnews. org/actualites/，consulté le 2 janvier.

［12］《Burundi：L'énergie thermique – de 6，7% en 2016 à plus de 20% en 2017》，sur http：//burundi – agnews. org/actualites/，consulté le 2 janvier.

中非共和国概况与社会热点

République Centrafricaine
Central African Republic

第一部分
中非共和国社会概况

一、地理历史概况

中非共和国，简称中非，是非洲大陆中部的内陆国家。中非国土面积为62.3万平方公里，全国总人口470万（至2014年）。中非东部与苏丹和南苏丹交界，南部同刚果（布）和刚果（金）接壤，西部与喀麦隆毗连，北部同乍得为邻。中非境内矿藏资源丰富，主要有钻石、铀、黄金、铜等。此外，还有充沛的森林资源、水力资源与动物资源。

早在公元9—16世纪，中非这片土地上就曾建立了班加苏、腊法伊和宰米奥等三个部落王国。1891年沦为法国殖民地。1910年被划为法属赤道非洲领地，称乌班吉沙立。1958年12月1日成立自治共和国。1960年8月13日宣告独立，成立中非共和国。1976年12月成立中非帝国。1979年9月废除帝制，恢复共和。1991年实行多党制。1993年9月，昂热—菲利克斯·帕塔塞在首次多党大选中当选总统。2003年3月，前总参谋长弗朗索瓦·博齐泽·杨古翁达率部攻占班吉，推翻了帕塔塞政权，次日就任总统。2005年当选总统，2011年蝉联总统。2013年3月，博齐泽政权被中非反政府武装联盟"塞雷卡"推翻。

二、部族、宗教、语言

中非共和国全国共有大小部族32个，主要有巴雅、班达、桑戈和曼吉阿族等。主要宗教有天主教、基督新教、伊斯兰教。官方语言为法语，通用桑戈语。

三、政治与外交

2013年3月博齐泽政权被推翻后，现行宪法被废除。7月，过渡委员会审议通过《过渡宪法草案》，过渡国家元首乔托迪亚签署法令，宣布《过渡宪法》生效。2015年12月13日，中非举行新宪法全民公投，新宪法以93%的支持率获得通过。中非实行一院制，称为"国民议会"。其主要职责包括：通过法律法令；依法对政府活动进行监督；批准或废止国际条约和协定；授权宣布战争状态等。议会与总统、政府共同享有立法创议权。2013年3月24日，"塞雷卡"武装夺权后，宣布解散议会。根据中部非洲国家经济共同体（CEEAC）决议，中非于4月12日成立全国过渡委员会，履行"国民议会"职责，负责筹备立法选举和总统选举。亚历山大·费迪南·恩根代（Alexandre Ferdinand Nguendet）任主席。

2016年2月20日，福斯坦—阿尔尚热·图瓦德拉于第二轮投票中当选中非共和国总统。总统为国家元首、军队统帅和最高行政长官。由选民直接选举产生，任期5年，可连任一次。总统负责制定国家总政策，任免总理，并根据总理提名任免内阁成员及军政官员；召集并主持内阁护翼；有权宣布15天的紧急状态，并行使特别职权。总统缺位时，应在45—90天内选举出新总统，其间由议长代行职权。主要司法机构有宪法法院、最高法院、行政法院、审计法院、仲裁法院、普通法院和法庭等。共和国总统保障司法独立，主持全国最高司法委员会、行政法院咨询委员会会议。中非共和国于1860年起从未执行过死刑，是当前非洲大陆上唯一一个事实上废除了死刑的国家。

中非奉行对外开放，实行不结盟和国际合作政策，维护民族独立和国家主权，强调睦邻友好，重视南南合作，赞同南北对话，主张建立公平合理的国际经济新秩序；赞成非洲一体化，主张通过和平谈判解决国与国之间的争端和冲突。

四、经济现状

中非是联合国公布的世界最不发达国家之一。经济以农业为主，工业基础薄弱，80%以上的工业品依靠进口。钻石、咖啡、棉花、木材是经济四大支柱。

20世纪90年代初，中非曾三次同国际货币基金组织和世界银行达成协议，执行结构调整计划。因政局持续动荡，战乱不止，生产无法正常进行，经济形势不断恶化。博齐泽总统上台后，整顿林、矿业，严格审查并重新签发开采许可权，打击偷税漏税，整治贪污腐败，努力争取外援，取得一定成效。受国际经济和金融危机影响，中非木材、钻石出口收入大幅下降，经济受到一定影响。2009年6月，中非达到"重债穷国减债计划"完成点，获得7.63亿美元债务减免。

2011年，农业产值占国内生产总值的52.9%，全国从事农业的人口达180万。可耕地约650亿平方米，已耕地约60亿平方米，只占国土面积的1%。中非主要有木薯、玉米、高粱、稻米等粮食作物，以及咖啡和棉花等经济作物。中非林业发展较快，2000年出产原木约80.68万立方米，比1999年增长21%，林业超过钻石而成为第一大出口创汇产业。由于国内形势不稳，2003年木材出口大幅削减，2004年有所回升。

中非木材丰富，并且多为名贵木材。钻石、木材、咖啡和棉花是中非经济四大支柱，占出口总量的75%—80%。活牛、皮革、棉饼、食糖、棕榈油等也是中非的主要出口商品。进口商品中，家用电器、车辆、机械、设备类占40.5%；食品类占10.8%；燃料类（包括交通燃料）占8.4%；药品占5.7%；建材占5.13%；化工轻纺产品7.18%；文具办公用品占6.42%。近几年来，中非的进出口贸易时有顺差和逆差，但基本上为逆差。2011年，中非主要出口对象是比利时、中国、摩洛哥、刚果（金）、法国；主要进口对象是韩国、荷兰、法国、喀麦隆、土耳其。

2011年，工矿业产值占国内生产总值的13.5%。加工工业十分落后。工业企业主要集中于首都班吉，以生产进口替代产品为主。主要工业有食品加工、机械组装（自行车、摩托车等）、日用化工、电力、卷烟、啤酒、纺织、皮革等。出口行业主要为农产品及木材加工。矿业限于钻石和黄金开采，以手工操作为主，2009年钻石产量为29.2万克拉，2012年为36.5万克拉，成为外汇的重要来源。黄金产量2010年6.53万克，产值150万美元；2012年为3.9万克。

法国是中非的最大援助国，1997年以前每年向中非提供援助达6000万—9000万美元。1997年起，法对中非援助急剧下降至每年3000万美元左右，但仍占中非所获外援总额的30%左右。2006年，法国与中非政府签订三期总额为1280万欧元的援助协定。多边援助主要由联合国有关机构和欧盟提供。2006年，国际货币基金组织为中非制订了三年总额为5600万美元的援助计划，并就中非重债穷国资格问题起草报告。2007年9月，中非达到"重债穷国减债计划"决策点。2008年，国际社会承诺向中非提供4亿美元援助，实际到位约32%。其中美国提供了总额为1500万美元物资援助和600万美元援款；欧盟承诺在第10期欧洲发展基金项下提供1.3

亿欧元援助，用于未来5年合作计划。2009年6月，世界银行、国际货币基金组织宣布中非达到"重债穷国减债计划"完成点，获免7.63亿美元债务。

自2012年年底以来，中非局势再次动荡，经济遭受重创，政府财政极度困难。2012年，中非财政收入为3.41亿美元，财政支出为3.57亿美元。人均GDP为500美元，通货膨胀率为5.9%。

第二部分
中非共和国2016—2018年社会热点

一、中非共和国与中国合作的现状和前景

1964年9月29日，两国建交。1966年1月博卡萨上台后，同中国断交。1976年8月20日，双方签署两国关系正常化公报。1991年7月8日，中非政府同台湾当局"复交"，中国与中非中止外交关系。1998年1月29日，两国签署联合公报，决定恢复大使级外交关系。复交以来，两国关系不断巩固和加强。

2006年6月16日，在中国援建的中非共和国首都班吉两万人座体育场中，中国和中非两国国旗随风飘扬。体育场顺利竣工并通过中方和中非方专家组验收之后，正式移交中非政府。中非发展基金是时任国家主席胡锦涛在2006年11月中非论坛北京峰会上提出的对非务实合作8项政策措施之一，是支持中国企业开展对非合作、开拓非洲市场而设立的专项资金。2007年6月26日，中非发展基金正式开业，成为国内第一支由国家主席宣布设立、国务院领导揭牌开业的基金，也是目前国内最大的私募股权基金和第一支专注于对非投资的股权投资基金。中非发展基金由国务院正式批准成立，首期10亿美元资金由国家开发银行出资，最终达到50亿美元。

2015年11月13日，中国政府援中非物资交接仪式在中非总统府隆重举行。中非总统庞扎、总理卡蒙、外长、经济部长、全国选举委员会副主席等出席。兰比奥部长在致辞中对中国政府和人民长期以来向中非提供真诚帮助表示衷心感谢。兰比奥表示，中非和平过渡进程进入关键时期，但困难重重，亟需国际社会提供帮助。中国政府率先紧急驰援，向中非提供一批选举物资并快速运抵，这对加快中非大选筹备、推动和平进程乃至中非和平发展事业具有重要意义。

2016年7月7日，中国援中非太阳能示范项目交接仪式隆重举行。驻中非大使马福林、中非能源部长姆博利、警宪系统负责人、班吉市副市长及中方承建单位代表、华侨华人代表等 60 余人出席。马大使在致辞中表示，太阳能示范项目是中非走出战乱、恢复和平以来首个正式重启的中国政府援助项目，是两国友好情谊的又一重要见证。中方愿与中非政府一同努力，共同推动双边务实合作全面恢复并迈上新台阶。姆博利部长代表中非政府感谢中方长期以来向中非提供无私帮助。姆博利表示，太阳能示范项目有效缓解了班吉能源短缺、照明不足的状况，大大改善了市内夜间安全状况，是深入民心、广受好评的民生工程。中非双方愿继续推进两国务实友好合作，也期待中国企业积极参与中非战后重建。仪式结束后，马福林大使与姆博利部长一同参观了班吉烈士大道部分路段的路灯。太阳能示范项目包含 200 盏太阳能路灯，为班吉市部分公共设施和主干道提供夜间照明。该项目由中兴通讯公司执行，2016年 6 月竣工并投入使用。

2016 年 12 月 16 日，中国政府援助中非共和国萨贝格断桥重建项目开工仪式在首都班吉隆重举行。中非总统图瓦德拉率总理、议长等国家领导人及 20 位部长参加。萨贝格断桥重建项目是中国政府应中非政府请求援助的，是连接首都班吉与西北部地区国家六号公路上的一座重要交通设施。该桥在 2011 年雨季期间被洪水冲垮，严重影响了萨贝格河两岸人民的交通以及当地物流和经济的发展。马福林大使在致辞中表达了中国政府对中非人民的问候。他说：萨贝格桥重建项目是中国政府采取快速措施支持中非政府和人民重建国家的象征，是中国政府与中非合作的新起点。中非装备、运输、民航和改善交通部部长泰奥多尔·茹索在致辞中说，萨贝格桥不仅是一座交通设施，它在中非政治、经济和社会方面也发挥着明显的作用。泰奥多尔对中国政府对中非共和国重建与振兴给予的不遗余力的支持和帮助表示感谢。

2017年11月30日，中华人民共和国政府和中非共和国政府经济技术合作协定签字仪式在班吉举行，中国驻中非大使马福林和中非经济、计划与合作部长莫卢瓦分别代表两国政府签署合作协定。莫卢瓦在仪式上称，中非经历战乱，百废待兴，是中国朋友及时伸出援手，提供了各类物资和工程项目援助，帮助中非重建家园，中非人民对此深表谢意。莫卢瓦相信，此次经济技术合作协定顺利签署，必将促进两国友好合作关系进一步向前发展。马大使表示，中方坚定支持中非战后经济振兴计划，愿在落实中非合作论坛约堡峰会成果框架下，继续向中非提供力所能及的帮助。中方愿与中非方共同努力，积极推动两国各领域合作结出更多丰硕成果。

参考文献

[1] http：//cf. mofcom. gov. cn/article/jmxw/201803/20180302-717075. shtml.

[2] https：//www. xzbu. com/2/view－496736. htm.

佛得角共和国概况与社会热点

République du Cap-Vert
Republic of Cape Verde

第一部分
佛得角社会概况

一、地理历史概况

佛得角共和国（英语：Republic of Cape Verde，葡萄牙语：República de Cabo Verde），简称佛得角，是非洲的一个国家，国土面积为4033平方公里，人口为54万（2016年）。位于北大西洋的佛得角群岛上，东距非洲大陆最西点佛得角（塞内加尔境内）500多公里，扼欧洲与南美、南非间交通要冲，包括圣安唐、圣尼古拉、萨尔、博阿维什塔、福古、圣地亚哥等15个大小岛屿，分北面的向风群岛和南面的背风群岛两组。首都普拉亚（Praia）是全国的政治、经济、文化和金融中心。佛得角属热带干燥气候，终年盛行干热的东北信风，年平均温度20℃—27℃。常年受副高压及信风带控制，西岸加那利寒流降温降湿，形成热带沙漠气候。独立前是葡萄牙的殖民地，国名"佛得角"在葡萄牙语中意为"绿角"。

二、语言和宗教

佛得角官方语言为葡萄牙语，民族语言为克里奥尔语。全国98%的居民信奉天主教，少数人信奉基督教新教。

三、政治与外交

佛得角独立前是葡萄牙的殖民地。1975年，由于几内亚和佛得角非洲独立党的努力，佛得角获得独立。在1981年之前，佛得角一直由几内亚和佛得角非洲独立党统治，1981年几内亚和佛得角非洲独立党总书记阿里斯蒂德斯·马里亚·佩雷拉另立佛得角非洲独立党，结束了佛得角与几内亚比绍两国一党的局面。1990年，在国内外压力下，佛得角开放了政治制度，采用多党制。1991年1月13日举行了首次多党派的选举，"争取民主运动"在选举中击败佛得角非洲独立党，组建了新的政府。2001年佛得角非洲独立党在选举后再度执政。

2011年2月，佛得角顺利举行立法选举，独立党获胜。3月21日新政府成立，若泽·马里亚·佩雷拉·内韦斯第三次任总理。8月，佛先后举行两轮总统选举，民运候选人若热·卡洛斯·丰塞卡当选新一届总统，于9月9日宣誓就职。佛得角的政治体制为多党共和制。宪法规定，佛得角是一个民主法治的主权国家，实行多元民主和温和的议会制。独立党重新执政后，政局稳定，倡导良政、民主、廉洁，完善司法、教育等制度的改革，强调团结一切力量建设国家，与其他各党派建立了对话机制。佛得角独立党政府倡导民主、良政，实行地方分权，逐步完善司法、教育制度改革，同时努力提高政府施政效率，大力发展经济，改善民生。相比其他非洲国家，佛得角政局稳定，未发生过重大政治冲突。

外交方面，佛得角奉行和平、中立和不结盟外交政策；主张外交为发展服务；愿在相互尊重主权、互不干涉内政、平等互利的基础上与世界各国发展友好合作关系。佛得角现为联合国、世界贸易组织、不结盟运动、葡语国家共同体、法语国家组织、非洲联盟、西非国家经济共同体等组织成员，已同110个国家建立了外交关系。

四、经济现状

佛得角资源匮乏，主要矿产有风能、太阳能、海盐、玄武岩、石灰石、白榴火山灰、浮石、岩盐、石膏、粘土、海洋渔业等。虽然缺乏天然资源，但由于人口少，政治稳定，旅游业蓬勃，佛已成为非洲的安逸国家，生活质量位居非洲各国前列。除了旅游业外，主要经济来源还有移民汇款、农业等。

佛得角为农业国，工业基础薄弱。20世纪90年代初，佛开始改革经济体制，调整经济结构，实行自由化市场经济，经济得以缓慢发展。1998 年以来，政府实行开放引资政策，迄今已完成 30 余家国有企业的私有化。首家证券交易所于 1999 年 3 月开业。独立党重新执政后，于 2002 年 2 月提出以发展私营经济为核心的 2002—2005 年国家发展战略，重点发展旅游业、农业、教育、卫生事业及进行基础设施建设。主要目标是维持国家预算平衡，保持宏观经济稳定，树立良好国际形象，恢复并加强国际合作。2005 年 1 月 1 日起，佛进入从最不发达国家行列毕业的过渡期，于 2008 年 1 月正式进入中等发达国家行列。为实现平稳过渡，佛于 2006 年成立了"支持佛得角过渡集团"，成员包括葡萄牙、法国、美国、中国、世行、欧盟和联合国等。2006 年，佛基础设施发展较快，几个大型旅游综合设施开工，多条公路通车。2007 年 7 月，改建后的博阿维斯塔国际机场（Boa Vista Aristides Pereira International Airport）开始运营，该机场位于佛得角博阿维斯塔市萨尔川东南方向 5 公里处，是一个民用机场，由 ASA 运营管理。博阿维斯塔机场始建于 20 世纪后期，机场原名为拉比尔机场（Rabil Airport），在 2011 年 11 月 9 日改为现名，以纪念佛得角第一位总统阿里斯蒂德·佩雷拉（Aristides Pereira）。但由于对外依赖较大等痼疾，佛经济发展依然面临一定困难。2008 年 7 月 23 日，佛正式加入世贸组织。2016 年 GDP 总计 16.17 亿美元（国际汇率），人均 GDP 为 2998 美元（国际汇率）。货币为埃斯库多（Escudo），葡萄牙货币为佛得角的保证货币。

佛得角工业基础薄弱,以建筑业为主。2006年农业和渔业产值约占其国内生产总值的9.6%,全国25%的人口从事农业和渔业。佛有73.4万平方公里的专属经济区,渔业资源较丰富,尚未完全开发利用。捕鱼业在国民经济中占据重要地位。服务业在国民经济中占有相当重要的位置,主要包括旅游、运输、商务和公共服务。服务业产值约占其国内生产总值的73%。约50%的劳动人口从事服务业。其中旅游业已成为经济增长和就业的主要来源,旅游基础设施发展迅速,博彩业是一新增长点。2005年,旅游业吸引的外国直接投资占流入佛得角总额的93%,主要集中在萨尔岛、圣地亚哥岛和圣维森特岛。截至2011年年底,共有各类旅馆195家,客房7901间,床位1.4万张。2012年佛吸引游客总数为53.39万人次,同比增长12.3%。主要客源地为英国、法国、葡萄牙和德国等欧洲国家。

佛得角80%以上的日常生活用品及全部机械设备和建筑材料、燃料等依靠进口。主要出口产品为船用燃料、服装、鞋类、金枪鱼罐头、冻鱼、龙虾、火山灰等。每年均有巨额贸易逆差。佛得角最大的贸易伙伴为葡萄牙,其他贸易伙伴有欧盟、美国、巴西和中国。

第二部分
佛得角共和国 2016—2018 年社会热点

一、佛得角与中国合作现状和前景

中华人民共和国与佛得角共和国于 1976 年 4 月 25 日建交。建交以来，两国关系发展顺利。中国向佛得角提供了一些经济技术援助，援建了人民议会堂、政府办公楼、帕尔马雷诺住宅、国家图书馆、国父纪念碑、国家礼堂和泡衣崂水坝等项目。2009 年，中佛签署关于成立经济、贸易和技术合作联合委员会的协定。2010 年 7 月，中国—佛得角经贸联合委员会首次会议在北京举行。2012 年，中佛贸易额为 5700 万美元，同比增长 15.5%，均为中国出口，主要为机电产品。

两国签有文化合作协定。1999 年 10 月，中国文化部副部长孟晓驷率中国政府代表团访佛。佛文化部长安东尼奥·德尔加多 2000 年 7 月访华；高等教育、科技和文化部部长马尔克斯 2010 年 10 月访华并出席上海世博会闭幕式；高等教育、科学和创新部部长席尔瓦于 2012 年 4 月访华。两国文化代表团多次互访。2008年和2010年，佛国宝级音乐家"赤脚天后"艾芙拉两度来华演出。2010年，河北艺术团赴佛访演，参加佛独立35周年庆典。2012年9月，上海文化艺术交流团赴佛访演。中国自1996年开始接收佛奖学金留学生。迄今，中方共接收佛奖学金留学生138名。现有107名佛奖学金留学生在华学习。

1984年中国开始向佛派遣医疗队，迄今共派出15批，102人次。中方现有8名医务人员在佛首都普拉亚工作。

佛得角总统及总理曾向中方表示愿支持并参与"一带一路"建设，进一步深化双方合作，将佛打造成中国的战略合作伙伴，成为中国在非洲最好的朋友。佛当前国家发展重点是建设圣文森特海洋经济特区、建设安全城市和社会居住项目，希望中方发挥自身优势，积极参与项目建设，助力佛的经济社会发展。佛尤其希望在海洋经济领域成为中国的战略合作伙伴。建立圣文森特岛海洋经济特区是当前佛政府最为优先的项目，希望中方能分享自身在特区建设方面的经验并积极参与这一项目。佛得角欢迎和支持习近平主席提出的"一带一路"倡议，愿意以圣文森特岛经济特区建设为契机积极融入"一带一路"建设。

中国外交部部长王毅表示，中方愿以落实两国领导人共识为主线，以中非合作论坛和中葡论坛为抓手，在农渔业和海洋经济、经济特区开发、旅游服务业、基础设施建设、人力资源开发等五大领域同佛方深化互利合作，帮助佛方发挥区位和海洋资源优势，打造特色岛国经济，实现自主可持续发展。中方欢迎佛方积极参与"一带一路"，特别是"21 世纪海上丝绸之路"建设，愿通过有关合作进一步深化双边关系，造福两国人民。

参考文献

[1] http：//cv. mofcom. gov. cn/.

[2] http：//2008. sina. com. cn/noc/cpv/index. html.

[3] http：//www. fmprc. gov. cn/web/gjhdq_ 676201/gj_ 676203/fz_ 677316/1206_ 677608/sbgx_ 677612/.

图书在版编目（CIP）数据

非洲法语国家社会热点问题研究／李岩编著．—北京：时事出版社，2018.7
ISBN 978-7-5195-0239-3

Ⅰ.①非… Ⅱ.①李… Ⅲ.①社会问题—研究—非洲 Ⅳ.①D740.8

中国版本图书馆 CIP 数据核字（2018）第 125820 号

出 版 发 行：时事出版社
地　　　址：北京市海淀区万寿寺甲 2 号
邮　　　编：100081
发 行 热 线：（010）88547590　88547591
读者服务部：（010）88547595
传　　　真：（010）88547592
电 子 邮 箱：shishichubanshe@sina.com
网　　　址：www.shishishe.com
印　　　刷：北京朝阳印刷厂有限责任公司

开本：880×1230　1/32　印张：4.25　字数：100 千字
2018 年 7 月第 1 版　2018 年 7 月第 1 次印刷
定价：50.00 元

（如有印装质量问题，请与本社发行部联系调换）